ÖVNINGSBOK

Anette Althén

NATUR & KULTUR

NATUR & KULTUR
Box 27 323, 102 54 Stockholm
Produktinformation/kundsupport: Tel 08-453 87 00, produktinfo@nok.se
Redaktion: Tel 08-453 86 00, info@nok.se
www.nok.se

Order och distribution: Förlagssystem, Box 30 195, 104 25 Stockholm
Tel: 08-657 95 00, order@forlagssystem.se
www.fsbutiken.se

Projektledare: Karin Lindberg
Textredaktör: Ingrid Lane
Bildredaktör: Martina Mälarstedt
Grafisk form: Johanna Möller
Sättning och montage: Måns Björkman, Typ&Design AB
Omslag: Caroline Bagge

Illustrationer speciellt för denna bok: Annie Boberg
Omslagsfoton: Ingemar Aourell/Nordic Photos (övre bild),
 Bengt Olof Olsson/Scanpix (nedre bild).

Kopieringsförbud! Detta verk är skyddat av lagen om upphovsrätt. Vid tillämpning av skolkopieringsavtalet (även kallat BONUS-avtalet) är detta verk att se som ett engångsmaterial. Engångsmaterial får enligt avtalet över huvud taget inte kopieras för undervisningsändamål.
Kopiering för undervisningsändamål av denna bok är således helt förbjuden.
Utan tillåtelse av förlaget kommer kopiering utöver avtalet att innebära otillåtet mångfaldigande. Ett sådant intrång medför straffansvar och kommer att ge upphov till skadeståndsskyldighet enligt 53 och 54 § § lag (1960:729) om upphovsrätt till litterära och konstnärliga verk.

© 2013 Anette Althén och Natur & Kultur, Stockholm
Tryckt i Lettland 2014
Fjärde upplagans andra tryckning
ISBN 978-91-27-42979-6

Innehåll

Kapitel 11 4

Kapitel 12 20

Kapitel 13 40

Kapitel 14 53

Kapitel 15 66

Kapitel 16 80

Kapitel 17 94

Kapitel 18 106

Kapitel 19 124

Kapitel 20 138

Till läraren 149

Facit 151

 Arbeta i par

 Arbeta i grupp

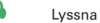 Skriv i egen skrivbok

 Lyssna

Familjen Åberg

1 Rätt eller fel? Läs texten på sidan 6 och 7 i läroboken. Sätt kryss.

		Rätt	Fel
1	Det är fyra personer i familjen Åberg.	☐	☐
2	Ellens man heter Jonas.	☐	☐
3	Ellen och Jonas har en son tillsammans.	☐	☐
4	Emil längtar efter att sluta gymnasiet.	☐	☐
5	Klara kan inte läsa.	☐	☐
6	Ellen rör på sig mycket på jobbet.	☐	☐
7	Jonas och Ellen går på bio tillsammans ibland.	☐	☐
8	Jonas tycker om att vara ute på sin fritid.	☐	☐

2 a Läs sidan 6 och 7 i läroboken. Skriv sedan tio frågor om personerna. Använd frågeorden i rutan.

> När ... ?   Varför ... ?   Vems ... ?   Hur ... ?
> Var ... ?   Vem ... ?   Vad ... ?

▸ *Hur gammal är Klara?*
▸ *Vad arbetar Jonas med?*
_____
_____
_____
_____

_____

_____

_____

_____

_____

b Öva i par. Ställ frågorna i **a** till varandra. Svara.

3 Titta på texterna på sidan 6 och 7 i läroboken.
Skriv om dig själv på samma sätt.

Namn: _____

Ålder: _____

Gör: _____

Jag

Intressen: _____

_____

4 Fyll i **på** eller **i**.

1. Har du varit _____ Stockholm?

2. Jag tycker om att gå _____ restaurang.

3. Martin går _____ dagis.

4. Stockholm är huvudstad _____ Sverige.

5. Anna träffar en väninna _____ affären.

6. Peter jobbar _____ en bank.

7. Familjen Johansson bor _____ Granvägen 5.

8. Hanna och Emil träffas _____ centrum.

11 Vi frågar

5 a Vad har de för intressen? Diskutera.

Malena

Jack

Lucy

Kadim

b Skriv om en av personerna.

_____

_____

_____

_____

6 Fråga två andra elever vad de har för intressen. Skriv om dem.

_____

_____

_____

_____

_____

6 • MÅL 2 ÖVNINGSBOK

7 Lyssna på hörövningen (C) på sidan 11 i läroboken.
Fyll i det som fattas.

INTERVJUARE: Nadja, vad har du för _____?
                                              1

NADJA: Jag spelar tennis en gång i veckan och så _____
                                                            2

jag basket en gång i veckan nu på _____ och
                                         3

vintern. På våren och sommaren _____ jag fotboll.
                                         4

INTERVJUARE: Vad gör du på _____, Fredrik?
                                      5

FREDRIK: Oj! Ja, vad gör jag egentligen? Jag sitter nog mest framför

_____ faktiskt. Jag spelar spel och chattar med
        6

kompisar och så. Jag borde nog _____ på mig
                                          7

lite, men _____ har aldrig varit min grej liksom.
               8

INTERVJUARE: Har du något fritidsintresse, Alireza?

ALIREZA: Mitt _____ intresse är kläder. Både att
                        9

_____ och att designa själv.
        10

Jag går en _____ i mode och sömnad just nu.
                    11

Jättespännande!

11 Emil fyller år

8 Läs texten på sidan 12 och 13 i läroboken. Skriv svar.

1. Hur mycket fyller Emil? _____

2. Hur många presenter får Emil? _____

3. Hur ser skjortan ut? _____
   _____

4. Varför har Ellen och Jonas inte köpt någon dator? _____
   _____

9 Fyll i ord i meningarna. Välj i rutan.

> ~~myndig~~   sjunger   present   kuvert
> välja   kort   står   bära

▶ Han fyller arton år. Han blir ___*myndig*___.

1. Jag lägger pengarna i ett _____ och klistrar igen det.

2. Han _____ alltid när han är glad.

3. Vad _____ det i brevet?

4. Jag ska skicka ett vackert _____ till henne på födelsedagen.

5. Här är två bra filmer. Vilken ska vi _____?

6. Han fick en _____ av sin mormor när han fyllde år.

7. Väskan är så tung. Jag kan inte _____ den.

10 Skriv meningar. Börja med orden som har **fet** stil.

till skolan
han cyklar
klockan halv åtta

1 _____

ska till
Stockholm åka
i morgon de

2 _____

nästa vecka
jag ska arbeta
inte

3 _____

röka du får
här inte

4 _____

vill vi skriva
mer **nu** inte

5 _____

11 Skriv substantiven i obestämd form. Skriv dem i rätt spalt.

~~morgonen~~   rummet   födelsedagen   sängen   paketet
presenten   året   tröjan   täcket   ljuset   teckningen

EN-ORD

▸ *en morgon*

_____
_____
_____
_____

ETT-ORD

_____
_____
_____
_____
_____

12 Skriv substantiven i obestämd form.

OBESTÄMD FORM	BESTÄMD FORM
▶ *en bild*	bilden
1 _____	brickan
2 _____	ljuset
3 _____	täcket
4 _____	huset
5 _____	kuvertet
6 _____	kortet
7 _____	sängen
8 _____	gången
9 _____	köket
10 _____	frukosten
11 _____	skjortan
12 _____	tröjan
13 _____	paketet

13 Skriv rätt pronomen (den, det, han eller hon).

pappan	_____	mamman	_____
paketet	_____	året	_____
telefonen	_____	huset	_____
flickan	_____	sängen	_____
presenten	_____	pojken	_____

14 Skriv substantiv i rätt form eller pronomen.

Jonas och Ellen åkte till centrum för att köpa presenter till Emil.

De tänkte köpa _____ och _____.
　　　　　　　　en skjorta　　　　　　　en tröja

I den första affären hittade de ingen snygg tröja. Då gick de till en

annan affär. Där såg de _____ som Jonas tyckte
　　　　　　　　　　　　　en skjorta

var fin. _____ var blå.
　　　　en skjorta

"Titta här", sa Ellen. "Här är _____ som är randig
　　　　　　　　　　　　　　　　en skjorta

i blått och vitt. Den är väl snygg?"

"Ja, _____ kommer Emil att gilla", sa Jonas.
　　　en skjorta

Ellen och Jonas köpte _____. Sedan hittade de
　　　　　　　　　　　　en skjorta

_____ som passade bra till _____.
　en tröja　　　　　　　　　　　　　　　　en skjorta

Nu hade de två presenter.

Sedan gick de till en annan affär för att titta på _____ till
　　　　　　　　　　　　　　　　　　　　　　　　　en dator

Emil. I _____ fanns det många datorer att välja på.
　　　　en affär

"Hurdan dator vill han ha?" frågade Jonas.

"Jag vet inte", sa Ellen. "Det är nog bättre att inte köpa

_____ åt honom. Vi ger honom pengar så att han kan
　en dator

köpa _____ själv".
　　　en dator

Grattis, Emil!

15 a Titta på korten och svara på frågorna.

Grattis på 30-årsdagen!
Ha en trevlig födelsedag!
Kramar från
Lotta, Elvira och Eva
PS. Vi ses på kalaset
på lördag.

Kristina Larsson
Storgatan 43
467 89 Lillstad

Hipp hipp hurra
på din 15-årsdag!
Grattis Matilda!
önskar farmor och
farfar

1 Hur mycket fyller Kristina? _____

2 När ska Kristina fira sin födelsedag? _____

3 Vilka har skrivit kortet till Kristina? _____

4 Varför har Matilda fått ett kort? _____

b Skriv ett grattiskort till en vän som fyller år. Skriv också vännens namn och adress på kortet.

16 På sidan 18 i läroboken kan du läsa ett mejl som Emil har fått av sin pappa. Skriv Emils svar på mejlet.

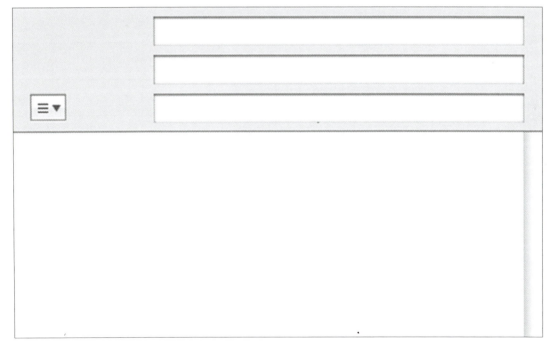

17 Titta i kalendern och svara på frågorna.

vecka 38	Klara	Emil	Ellen	Jonas
måndag		passa Klara på kvällen	gym	jobba sent
tisdag	17.00 fotboll			fotboll med Klara
onsdag				gym
torsdag		15.30 tandläkaren	gym	
fredag	16-17 simskola	19.00 öva med bandet	simskola med Klara	
lördag	9.00 fotboll	11-16 fisketävling	9.00 fotboll med Klara	11-16 fisketävling
söndag	14-16 Rasmus kalas			

1 Vem ska gå till gymmet på onsdag? _____

2 Vad ska Emil göra på torsdag? _____

3 När spelar Klara fotboll? _____

4 Hur många gånger i veckan tränar Ellen? _____

5 Vad ska Klara göra på söndag? _____

6 Vem ska följa med Klara till simskolan på fredag? _____

7 Vilka ska fiska den här veckan? _____

8 Varför ska Emil passa Klara på måndag? _____

På familjesidan

18 **Rätt eller fel? Läs texterna på sidan 20 och 21 i läroboken. Sätt kryss.**

När man blir myndig i Sverige får man
enligt lagen ...   Rätt   Fel

1 gifta sig utan att fråga sina föräldrar.   ☐   ☐

2 köra bil utan körkort.   ☐   ☐

3 köpa alkohol på Systembolaget.   ☐   ☐

4 köpa alkohol på puben.   ☐   ☐

5 köpa cigaretter.   ☐   ☐

6 köra bil när man har druckit alkohol.   ☐   ☐

7 rösta i riksdagsvalet.   ☐   ☐

8 låna pengar i en bank.   ☐   ☐

19 **Läs texten och svara på frågorna.**

> **Hur var det i Sverige förr?**
>
> Från år 1722 blev männen myndiga när de fyllde 21 år. Gifta kvinnor var inte myndiga, men ogifta kvinnor över 25 år kunde ansöka om att bli myndiga.
> År 1884 fick män och ogifta kvinnor samma myndighetsålder, 21 år. Men gifta kvinnor förblev omyndiga ända till år 1921 då det beslutades att de också skulle bli myndiga vid 21 års ålder. År 1969 sänktes myndighetsåldern till 20 år. År 1974 sänktes den igen, till 18 år.

1 När fick alla i Sverige samma myndighetsålder?   _____

2 När blev myndighetsåldern 18 år?   _____

3 Vid vilken ålder blev man myndig år 1971?   _____

11 Inbjudningar

20 a Läs sms:en. Vad vill personerna? Skriv rätt bokstav. Välj alternativ i rutan. Ett alternativ blir över.

A Tacka ja till en inbjudan.
B Tacka nej till en inbjudan.
C Meddela att man kommer, men lite senare.
D Meddela att man inte vet om man kan komma.

Tack för inbjudan. Jag kan tyvärr inte komma. Jag ska till Stockholm den helgen. Men grattis i alla fall! Paul

Vad kul! Jag kommer gärna, men jag undrar om det är ok att jag kommer klockan 19 i stället för 18? Anna

Så trevligt med fest! Jag ska kolla i familjens kalender om vi har något inbokat då. Återkommer. Kram Fatima

 1   2   3

b Skriv en egen inbjudan. Använd din fantasi!

21 Diskutera.

1 När bjuder man in till fest i ditt hemland? Vid födelsedagar, bröllop, barns födelse?
2 Hur bjuder man in till fest?
3 Vilka bjuds in till fest?

22 Lyssna på hörövningen (C) på sidan 23 i läroboken. 🎧
Fyll i det som fattas.

MAGNUS: Grattis på 30-årsdagen!

KAROLINA: Tack!

MAGNUS: Har du _____1_____ några presenter ännu?

KAROLINA: Jadå. Och mina barn _____2_____ för mig i morse. Det var så mysigt.

MAGNUS: Ska du ha något _____3_____?

KAROLINA: Ja, men inte förrän på _____4_____.

MAGNUS: Jaha. Blir det en stor _____5_____?

KAROLINA: Ja, _____6_____. Omkring femtio personer.

MAGNUS: Oj då. Ska ni vara _____7_____ hos dig då?

KAROLINA: Nej, det finns en _____8_____ i huset som jag får låna. Och så har jag beställt maten.

MAGNUS: Vad bra. _____9_____ ni får kul!

KAROLINA: _____10_____ ska du ha.

11 Grattis!

23 Titta på bilderna på sidan 24 och 25 i läroboken. På vilken eller vilka bilder ser du de här sakerna? Skriv bildernas nummer efter orden.

en tårta _____   en ros _____

en jordgubbe _____   en blombukett _____

en guldmedalj _____   ett lag _____

en publik _____   ett bröllop _____

en brud _____   segrare _____

en vas _____

24 Välj en av bilderna och skriv om den. Använd din fantasi!

25 Svara på frågorna genom att dra streck till rätt svar.

Vad kan man säga...

1 till någon som fyller år?   Grattis på Mors dag!

2 till någon som har vunnit en idrottstävling?   Grattis på födelsedagen!

3 till någon som ska börja ett nytt arbete?   Lycka till på nya jobbet!

4 till sin mamma på Mors dag?   Grattis till babyn!

5 till någon som just har blivit pappa?   Grattis till segern!

Efter kapitel 11

a Vad kan du? Sätt kryss.

Jag kan
- [ ] gratulera någon på födelsedagen
- [ ] presentera mig själv
- [ ] berätta om mina intressen
- [ ] läsa inbjudningar
- [ ] läsa en kalender
- [ ] säga vad man får göra när man är myndig
- [ ] skriva grattiskort

b Hur har du arbetat?
- [ ] ensam
- [ ] i par
- [ ] i grupp

c Hur lär du sig bäst?
- [ ] ensam
- [ ] i par
- [ ] i grupp

d Vad behöver du öva mera på?

_____

_____

_____

_____

Inbrott hos Tina

1 Rätt eller fel? Läs texten på sidan 26 och 27 i läroboken. Sätt kryss.

		Rätt	Fel
1	Tina bor högt upp i hyreshuset.	☐	☐
2	Tjuven tog sig in genom ett fönster.	☐	☐
3	Tina hade stängt dörren till uteplatsen.	☐	☐
4	Tinas silverljusstakar var borta.	☐	☐
5	Tjuven hade letat efter värdefulla saker i sovrummet.	☐	☐
6	Poliserna letade efter tjuven i lägenheten.	☐	☐

2 Fyll i ord i texten. Välj i rutan.

Tina vill berätta om inbrottet för sina grannar. Hon skriver en lapp som hon sätter upp på entrédörrarna till husen på Granvägen.

> bottenvåningen   bryta   hände
> inbrott   polisen   tjuven   uteplatsen

Till alla som bor på Granvägen!

Det har varit _____ 1 _____ i min lägenhet i dag (torsdag).

Det _____ 2 _____ mitt på dagen, när jag var på jobbet.

Jag bor på _____ 3 _____ och tjuven tog sig in genom att

_____ 4 _____ upp dörren till _____ 5 _____.

Har någon sett _____ 6 _____?

Kontakta _____ 7 _____ om ni har sett något misstänkt!

Hälsningar
Tina Nykvist
Granvägen 4

3 Gör sammansatta ord. Välj ett ord ur varje ruta. Flera svar kan vara rätt.

~~hyres~~	stake
botten	våning
ute	~~hus~~
sommar	anmälan
vardags	kväll
ljus	rum
värde	plats
polis	försäkring
hem	full

hyreshus

_____

_____

_____

_____

_____

_____

_____

_____

4 Skriv verben i preteritum. Du hittar alla i texten på sidan 26 och 27 i läroboken.

PRESENS	PRETERITUM	PRESENS	PRETERITUM
blir	_____	kommer	_____
ger	_____	ser	_____
går	_____	står	_____
gör	_____	säger	_____
hör	_____	sätter sig	_____
kan	_____	är	_____

5 a Här är en polisanmälan. Läs den och svara på frågorna.

> **Anmälan av stöld eller förlust**
>
> Personnummer: _891021-3235_
>
> Förnamn: _Anders_   Efternamn: _Andersson_
>
> Gatuadress: _Björkvägen 110_
>
> Postnummer: _567 33_   Ort: _Småstad_
>
> Telefon: _0111-101010_
>
> Föremål: _plånbok_
>
> Beskriv föremålet i detalj: _en brun läderplånbok, som innehöll körkort, kontokort, 400 kronor i kontanter_
>
> Ange platsen för stölden eller förlusten: _centrala Småstad_
>
> Ange tid för stölden eller förlusten: _mellan 24/11 kl. 15.00 och 24/11 kl. 18.00_
>
> Beskriv händelsen: _Efter att ha handlat i bokhandeln Boken stoppade jag ner plånboken i bakfickan och gick därifrån. När jag kom hem upptäckte jag att plånboken var borta._

1 Vem gör polisanmälan?

_____

2 Var kom plånboken bort?

_____

3 Vad fanns det i den?

_____

4 Vad tror du har hänt?

_____

b Skriv en polisanmälan.

Din väska är borta. Du tror att någon har stulit den. Du satt på Kafé Stella i går eftermiddag mellan klockan 14.00 och 15.30. När du skulle gå upptäckte du att väskan var borta.

Anmälan av stöld eller förlust

Personnummer: _____

Förnamn: _____ Efternamn: _____

Gatuadress: _____

Postnummer: _____ Ort: _____

Telefon: _____

Föremål: _____

Beskriv föremålet i detalj: _____

_____

_____

Ange platsen för stölden eller förlusten: _____

Ange tid för stölden eller förlusten: _____

_____

Beskriv händelsen: _____

_____

_____

6 Rätt eller fel? Titta på bilden och sätt kryss.

		Rätt	Fel
1	En tröja hänger på stolen.	☐	☐
2	Ett glas står på skrivbordet.	☐	☐
3	Några böcker ligger under skrivbordet.	☐	☐
4	Sängen står mellan skrivbordet och garderoben.	☐	☐
5	En anslagstavla hänger under skrivbordet.	☐	☐
6	Ett glas står bland böckerna.	☐	☐
7	Under sängen ligger en pärm.	☐	☐
8	En boll ligger framför garderoben.	☐	☐
9	Över sängen hänger en hylla.	☐	☐
10	Ett par strumpor ligger i sängen.	☐	☐

7 Läs texten. Dra streck från möblerna till rätt platser i rummet.

Hanna är 18 år. Hon vill flytta hemifrån. Hon har en dröm om hur hennes första lägenhet ska se ut. Det är en etta. Hon ser rummet framför sig. Så här ser det ut:

Hon har en stor fåtölj i ena hörnet av rummet. Hon har då fönstret på sin vänstra sida när hon sitter i fåtöljen. På fönsterbrädan står en lampa, som hon tänder när hon sitter i fåtöljen och läser. På höger sida om fåtöljen har hon ett litet runt bord.

Sängen står längs väggen vid dörren. Över sängen hänger en tavla. Vid huvudänden hänger en sänglampa. När hon stiger upp sätter hon fötterna på en liten matta som ligger framför sängen.

Eftersom hon gillar böcker har hon en stor bokhylla. Den står vid väggen mitt emot fönstret. På väggen till höger om bokhyllan hänger teven. Hon sitter i sin stora, sköna fåtölj och tittar på teve på kvällarna.

Hon har ett skrivbord också. Det står vid fönstret och hon kan titta ut när hon sitter och studerar.

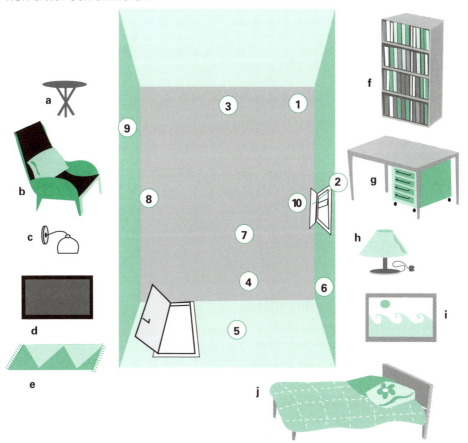

8 Titta på bilden. Skriv om meningarna.

En säng står i sovrummet.

▸ *Det står en säng i sovrummet.*

1 Ett sängbord står vid sängen.

_____

2 En matta ligger på golvet.

_____

3 En stol står framför fönstret.

_____

4 En tavla hänger över sängen.

_____

5 Två kuddar ligger på sängen.

_____

6 Många saker ligger på golvet.

_____

7 Några böcker ligger bland kläderna.

_____

8 En väckarklocka ligger under sängbordet.

_____

9 En spegel hänger över byrån.

_____

10 En väska står på golvet.

_____

9 **a Alla saker låg <u>huller om buller</u> i Tinas sovrum. <u>Huller</u> och <u>buller</u> rimmar. Det finns många uttryck med två ord som rimmar. Skriv ord som passar i uttrycken. Välj i rutan.**

| dit   gott   kvalet   skur   slätt   stubb |

1 i valet och _____

2 smått och _____

3 rubb och _____

4 hit och _____

5 rätt och _____

6 i ur och _____

b Vad betyder uttrycken i a? Skriv meningar som förklarar uttrycken.

Vad är borta?

10 Skriv orden i plural.

SINGULAR	PLURAL
1 en flicka	_____
2 ett träd	_____
3 en sekund	_____
4 ett äpple	_____
5 en polis	_____
6 en dörr	_____
7 ett suddgummi	_____
8 ett barn	_____

11 Skriv orden i singular.

SINGULAR	PLURAL
1 _____	smycken
2 _____	kameror
3 _____	ljus
4 _____	bälten
5 _____	paket
6 _____	teckningar
7 _____	kuvert
8 _____	presenter

Polisen varnar

12 a Skriv på ditt språk.

ett brott	mörda	en gärningsman
ett straff	misstänka	böter
ett rån	en misshandel	böta
råna	misshandla	en domstol
stjäla (stjäl, stal, stulit)	ett bevis	döma (dömer, dömde, dömt)
ett mord	ett vittne	ett fängelse
	vittna	

b Sätt in orden i a i meningarna. Du måste använda rätt form. Några ord blir över.

1 Domstolen _____ honom till fängelse eftersom det fanns starka bevis mot honom.

2 Ett _____ berättade vad han hade sett.

3 Polisen vet inte vem som har begått brottet. De _____ en kvinna som var på platsen vid tiden för brottet, men de har inga _____ mot henne.

4 Gärningsmannen dömdes till två års _____.

5 Två personer _____ banken och kom över två miljoner kronor. Polisen grep dem, och de dömdes så småningom för bank-_____.

6 Han dog inte i en olycka. Någon _____ honom.

7 Någon har _____ min cykel.

8 Hur mycket måste du betala i _____ om du kör för fort?

13 a Diskutera.

Vad har hänt? Läs rubrikerna och början på notiserna och försök komma på en fortsättning.

1

Smugglade narkotika

Tullpolisen bad två kvinnor öppna sina väskor. Där fanns ...

2

Kvinna misshandlad på stan

En kvinna i trettioårsåldern stoppades av ett par när hon ...

3

Cyklar stulna

Ett vittne berättar att han såg några ungdomar som ...

4

Stoppad av polisen

En polis uppmärksammade en bil som ...

5

Ung man mördad

En kvinna som var ute med sin hund hittade i går kväll en man som låg död vid vägen. Hon ...

6

Rymde från fängelse

En fånge lyckades i går rymma genom att ...

7

Inbrott i villa

När en villaägare kom hem efter semestern upptäckte han att ...

8

Bank rånad vid stängningsdags

Två personer med rånarluvor kom in på banken och ...

b Välj en notis i a och skriv klart den.

Så skyddar du dig och ditt hem

14 Rätt eller fel? Läs texten på sidan 38 och 39 i läroboken och sätt kryss.

		Rätt	Fel
1	En person som inte har så många saker behöver ingen hemförsäkring.	☐	☐
2	Hemförsäkringen gäller om någon gör inbrott hos dig och stjäl.	☐	☐
3	Försäkringsbolaget hjälper till att betala om du behöver ha hjälp av en advokat.	☐	☐
4	Om du råkar skada någon annans saker får du ingen hjälp från försäkringsbolaget.	☐	☐
5	Om någon överfaller dig kan du få ersättning från försäkringsbolaget.	☐	☐
6	Alla hemförsäkringar gäller när du reser.	☐	☐

15 a Titta i diagrammet. Skriv svar.

1 Var i hemmet händer det flest olyckor?

_____

2 Hur många procent av olyckorna händer i badrummet? _____

3 Var händer det minst antal olyckor? _____

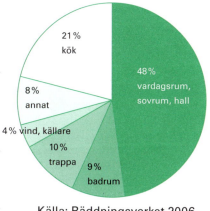

Källa: Räddningsverket 2006

b Diskutera.

I diagrammet står det 8 % annat. Vad tror du annat kan vara?

Ordbildning

16 Skriv rätt ord under bilderna. Välj i rutan. Några ord blir över.

> en brandsläckare en dammsugare en vattenkokare en kaffebryggare
> en klädhängare en cigarettändare en brandvarnare
> en hastighetsmätare en högtalare en toapappershållare

1 _____

2 _____

3 _____

4 _____

5 _____

6 _____

7 _____

8 _____

I ett kök

17 Titta på bilden. Skriv rätt nummer framför varje ord.

_____ ett fat   _____ (ett) hushållspapper   _____ en stekpanna

_____ en flaska   _____ en kaffebryggare   _____ en tallrik

_____ en gaffel   _____ en kastrull   _____ en tekanna

_____ ett glas   _____ en kniv   _____ en tillbringare

_____ en gryta   _____ en kopp   _____ en vattenkokare

_____ en grytlapp   _____ en mugg   _____ en visp

_____ en handduk   _____ en sked

Olle fotograferar

18 Fyll i ord i texten. Välj i rutan.

> inbrottet sparar fotografera
> hyra brinna brand värdefulla
> bränner

Tinas grannar, Linda och Hassan, har hört om _____ (1)

i Tinas lägenhet. De har inte så många _____ (2) saker,

men de har en del fina saker som de har köpt när de har varit ute och rest.

De bestämmer sig för att _____ (3) alla saker som är viktiga

för dem. Om det blir _____ (4) kan ju allt

_____ (5) upp. De _____ (6) fotona på

datorn och _____ (7) dem också på en cd som de ska be

Lindas mamma och pappa ta hand om.

19 Fyll i plural, obestämd och bestämd form.

SINGULAR OBESTÄMD FORM	PLURAL OBESTÄMD FORM	PLURAL BESTÄMD FORM
en kvinna	*kvinnor*	*kvinnorna*
ett träd		
en minut		
ett äpple		
en flicka		
en polis		
ett ställe		
en apelsin		

20 Fyll i formerna som fattas.

SINGULAR OBESTÄMD FORM	PLURAL OBESTÄMD FORM	PLURAL BESTÄMD FORM
en penna	pennor	pennorna
en klocka	_____	_____
ett år	_____	_____
_____	_____	äpplena
_____	sängar	_____
ett bälte	_____	_____
_____	kuvert	_____
_____	_____	bilderna
_____	timmar	_____
ett kort	_____	_____
en jacka	_____	_____
_____	minuter	_____
_____	_____	ljusen

Ska vi åka och handla?

21 Välj ord ur varje ruta och skriv tio meningar.

▸ *Jag åkte taxi från restaurangen i går kväll.*

gå	bil buss båt
köra	med min syster med tåg
resa	på semester Volvo taxi
åka	till Italien till läkaren
	till skolan till stationen

22 Skriv meningar med <u>gå</u>, <u>åka</u>, <u>resa</u> och <u>köra</u>.

▸ *Hon går till jobbet.*

Vi frågar

23 Vad betyder orden? Välj i rutan och skriv svar.

| bråkigare | hemskt | studerar | sett | ljus | lugnt | säker | tyst |

1 Jag **pluggar** hemma på dagarna. _____

2 Det är bra **belysning** på gångvägarna. _____

3 Jag känner mig **trygg** när jag är med dig. _____

4 Vi har **märkt** att det har blivit lugnare. _____

5 Det är **förskräckligt**! _____

6 Det har blivit **stökigare** i det här området. _____

24 Känner du dig trygg i ditt bostadsområde?

Jag _____

En olycka

25 Öva i par. Skriv en dialog. Välj en av följande situationer.

- Du ser en person som håller på att bryta upp en källardörr i huset mitt emot. Ring 112.

- En gammal kvinna har ramlat på gatan. Du tror att hon är allvarligt skadad. Ring 112.

- Din morfar blir sjuk när han är hos dig. Han har svårt att andas. Ring 112.

- Det börjar brinna i ditt kök. Ring 112.

Vad har hänt?

26 Vad ser du på bilderna på sidan 52 och 53?
Skriv bildens nummer i rutan framför orden.

☐ en brand

☐ en krock

☐ en skadegörelse

☐ ett rån

Efter kapitel 12

a Vad kan du? Vad vet du? Sätt kryss.

Jag kan
- [ ] göra en polisanmälan
- [ ] beskriva ett rum
- [ ] förstå en kort tidningsnotis
- [ ] förstå ett enkelt diagram
- [ ] berätta om mitt bostadsområde
- [ ] förstå enkla nyheter som jag hör
- [ ] säga de svenska orden för några vanliga föremål i ett kök

Jag vet
- [ ] vad en hemförsäkring är
- [ ] vart jag ska ringa om det blir brand eller om någon är allvarligt sjuk eller skadad

b Hur många nya ord har du lärt dig i dag?
- [ ] mindre än 25
- [ ] mer än 25

c Hur gör du för att lära dig nya ord?
- [ ] läser dem tyst
- [ ] uttalar dem högt
- [ ] skriver dem
- [ ] skriver meningar med dem

- [ ] Annat: _____

d Vad var roligt att arbeta med i kapitel 12?

_____

_____

Tina och Olle handlar

1 a I varje mening fattas ett ord. Skriv det i korsordet.

1 Det är ett års ... på teven.

2 Försäljaren ... Tina och Olle en dator.

3 Det går bra. Inga ... .

4 Läs noga igenom ... innan du handlar på avbetalning.

5 Tina ska köpa en ny ... .

6 Tina såg en ... om billiga datorer i tidningen.

7 Hon arbetar som ... på ett varuhus i stan.

8 Det har varit ... i Tinas lägenhet.

9 Du måste visa ... när du handlar med kreditkort.

10 Olle är Tinas ... .

11 Erbjudandet ... den här veckan.

b Skriv en mening med ord nummer 12.

_____

2 Rätt eller fel? Läs texten på sidan 54–56 i läroboken. Sätt kryss.

	Rätt	Fel
1 Tina behöver en ny dator.	☐	☐
2 Tina har fått pengar från försäkringsbolaget.	☐	☐
3 Tina vill betala datorn kontant.	☐	☐
4 Elmarknaden har öppet alla dagar.	☐	☐
5 Elmarknaden har samma öppettider varje dag.	☐	☐
6 Tina vill ha en bärbar dator.	☐	☐
7 Tina måste betala i 18 månader.	☐	☐
8 Det är ett års garanti på datorn.	☐	☐

3 a Vad är det? Dra streck.

1 Den är grön. Den är lång. Du kan äta den. Den är god.

2 Det rött, gult eller grönt. Det är runt. Det är hårt. Du kan äta det. Det är gott.

3 Det är stort. Det är dyrt. Du bor i det.

4 De är varma. De är mjuka. Du har dem på händerna.

5 Den är mjuk. Den är skön. Den är cirka 2 meter lång. Du har den hemma. Du sover i den.

en bil

en gurka

ett hus

ett par byxor

ett par vantar

en säng

ett äpple

b Beskriv en sak. De andra eleverna gissar vad du beskriver. Använd adjektiv.

▶ Den är rund. Den är orange. Du kan äta den. Den är god. (en apelsin)

4 **a** Fyll i orden i rutan på rätt plats i tankekartan.

belåten   deprimerad   feg   förbannad   ~~ilsken~~
lycklig   nedstämd   nöjd   rasande   skraj
skräckslagen   skygg   sorgsen   ursinnig   överlycklig

b Kan du fler ord som passar till orden i de fyra små ringarna?
Skriv dem i tankekartan.

**5 a Vilka adjektiv tycker du är positiva, och vilka är negativa?
Fyll i listorna med adjektiven från rutan.**

> avundsjuk   blyg   duktig   dum   dålig   elak
> glad   klok   ledsen   nervös   nyfiken   rolig   rädd
> självsäker   smal   snygg   snål   snäll   stolt   svartsjuk
> söt   tystlåten   ung   vacker

POSITIVA ADJEKTIV   **NEGATIVA ADJEKTIV**

_____   _____

_____   _____

_____   _____

_____   _____

_____   _____

_____   _____

_____   _____

_____   _____

_____   _____

_____   _____

_____   _____

_____   _____

b Öva i par. Jämför era spalter. Har ni svarat olika?
Förklara för varandra.

Vi frågar

6 Fyll i ord i meningarna. Välj i rutan.

> abonnemang   avbetalning   funkar   lån   nyss   sparar

1 Min dator _____ inte. Jag måste laga den eller köpa en ny.

2 Jag har tagit ett _____ för att kunna köpa bil.

3 Har du kontantkort eller _____ på din mobil?

4 Hon har inte så mycket pengar just nu, så hon vill köpa teven på

_____.

5 Jag _____ pengar för att kunna köpa en ny cykel.

6 Han har _____ kommit till Sverige.

7 Titta i diagrammet. Svara på frågorna.

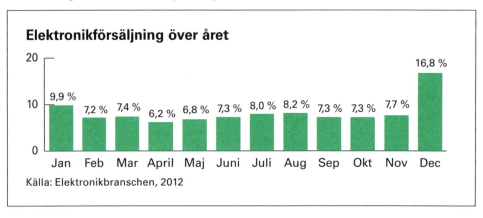

1 Vilken månad säljs det minst hemelektronik? _____

2 Hur många procent av hemelektroniken säljs i juli? _____

3 När säljs det mest hemelektronik? Varför, tror du? _____

_____

Vill du ha hjälp?

8 Lyssna på hörövningen (C) på sidan 63 i läroboken.
Fyll i det som fattas.

EXPEDITEN: Vill du _____ 1 _____ hjälp?

ANTON: Ja, jag _____ 2 _____ vilja titta på en mikro.

EXPEDITEN: Ja, dem har vi här. Jag ska _____ 3 _____ några olika märken.

ANTON: Den ska vara _____ 4 _____ att använda, inte en massa finesser. Bara för att värma mat i, inte för att laga något i eller så. Och inte alltför

_____ 5 _____.

EXPEDITEN: Här har vi en _____ 6 _____ mikro till ett bra pris.

ANTON: Jaha. Är det _____ 7 _____ köp? Det är inte jag som ska ha den.

EXPEDITEN: Ja, i fjorton dagar. Och _____ 8 _____ i trettio dagar.

ANTON: Hur lång _____ 9 _____ är det?

EXPEDITEN: Ett års garanti.

ANTON: Jag _____ 10 _____ den.

EXPEDITEN: Okej, då blir det _____ 11 _____ kronor då.

EXPEDITEN: Och här är _____ 12 _____. Spara det. Det gäller som garanti.

ANTON: Tack så _____ 13 _____ då.

Dina rättigheter som konsument

9 Läs texten på sidan 64 och 65 i läroboken. Skriv svar.

1 Vad menas med öppet köp?

_____

2 Varför ska man spara kvitton?

_____

_____

3 Vad betyder bytesrätt?

_____

_____

4 Vad menas med ett tillgodokvitto?

_____

_____

5 Vad betyder reklamera?

_____

_____

6 Vid vilka köp har du ångerrätt?

_____

10 a Para ihop meningarna till korta dialoger. Dra streck.

1 Kan jag hjälpa till med något?   a Det är två års garanti på den.

2 Hurdan teve hade du tänkt dig?   b En billig, men ändå ganska stor.

3 Hur lång garanti är det?   c Ja, jag skulle vilja titta på en teve.

4 Är det öppet köp?   d Javisst, i fjorton dagar.

b Öva i par. Välj en av bilderna. Skriv en dialog mellan en kund och en försäljare.

En teve
Pris: 6 999 kr
Garanti: 2 år
Öppet köp: 8 dagar
Bytesrätt: 14 dagar

En mikro
Pris: 1 590 kr
Garanti: 2 år
Öppet köp: 15 dagar
Bytesrätt: 30 dagar

En eltandborste
Pris: 399 kr
Garanti: 1 år
Öppet köp: 10 dagar
Bytesrätt: 30 dagar

11 Fyll i ord i meningarna. Välj i rutan.

> jacka   kvittot   namnteckning   pengarna   problem   reklamera

KUNDEN: Jag skulle vilja _____ den här
₁
jackan. Dragkedjan är sönder.

EXPEDITEN: Oj då. Det ser inte bra ut. Har du _____
₂
med dig?

KUNDEN: Javisst. Här är det.

EXPEDITEN: Tack. Vill du ha en ny _____ i stället?
₃

KUNDEN: Nej, jag vill ha _____ tillbaka.
₄

EXPEDITEN: Okej, inga _____. Det fixar vi.
₅

KUNDEN: Vad bra.

EXPEDITEN: Så där. Då får du skriva din _____
₆
här på kvittot. Och här är pengarna.

KUNDEN: Tack.

Vad ska vi kasta?

12 Skriv adjektiven i bestämd form.

1. Olle fotograferade de _____ möblerna.
   (ny)

2. Han fotograferade den _____ fåtöljen.
   (gammal)

3. Den _____ mattan i vardagsrummet var röd.
   (stor)

4. Det här _____ gamla bordet hade väl inget värde?
   (rund)

5. De _____ fåtöljerna stod i vardagsrummet.
   (svart)

13 Skriv adjektiven i rätt form, obestämd eller bestämd.

1. Olle har många _____ kläder i sin garderob.
   (fin)

2. Han behöver en _____ tavla i vardagsrummet.
   (vacker)

3. I den _____ soffan sover han då barnen kommer.
   (ny)

4. Det _____ köksbordet är _____.
   (vit)   (gammal)

5. Den _____ teven har två _____ högtalare.
   (ny)   (stor)

14 Skriv rätt form av **liten**.

1. Har du sett den _____ flickan som leker på gården?

2. Han har en _____ lägenhet på ett rum och kök.

3. Var är de _____ kopparna?

4. Hon har ett _____ smycke av guld.

5. Jag vill ha många _____ blommor i fönstret.

6. Han bor i det _____ huset nere vid sjön.

15 Läs texterna. Stryk under alla adjektiv.

Peter åker till mataffären i centrum. Först går han till grönsaksdisken och tar sex tomater och fem äpplen. Sedan köper han fisk och bröd. Det är kö till kassan. När han ska betala upptäcker han att plånboken är borta.

Peter åker till den stora, nya mataffären i centrum. Först går han till grönsaksdisken och tar sex mogna, fina tomater och fem stora, gröna äpplen. Sedan köper han färsk fisk och nybakat bröd. Det är lång kö till den enda kassan. När han ska betala upptäcker han att plånboken är borta.

16 a Läs texten.

Olle sitter i soffan i vardagsrummet. Han dricker en kopp kaffe och äter en smörgås. På bordet ligger en tidning och en bok. Han bläddrar lite i tidningen. Sedan sätter han på teven. Han ska titta på ett program på TV4. Han lägger fötterna på stolen som står framför honom. Efter två minuter sover han.

b I texten i **a** finns inga adjektiv.
Skriv om texten och sätt in minst åtta adjektiv.

Du kan börja så här:

Olle sitter i den sköna soffan i ...

17 Du har flyttat till en annan stad och skriver ett mejl till en vän.
Du berättar hur ditt hem ser ut. Använd minst tio adjektiv i ditt mejl.

Du kan börja så här:

Hej ...!

Hur är det med dig? Jag mår bra.

Jag har just flyttat till en ny lägenhet. Den ...

Ordbildning

18 Vilka ord förklaras? Skriv ordet efter förklaringen. Välj i rutan.

> bokstavsordning bordsbeställning fortkörning hemförsäkring
> hemkörning inflyttning ordförklaring semesterplanering
> sophämtning vägbeskrivning

1. att man beskriver vägen _____

2. att man planerar en semester _____

3. att man skriver bokstäverna i rätt ordning _____

4. att man kommer och hämtar soporna _____

5. att man förklarar ord _____

6. att man kör för fort _____

7. att man kör hem varor _____

8. att man beställer bord på restaurang _____

9. att man försäkrar sitt hem _____

10. att man flyttar in _____

Vilka öppettider har de?

19 a Skriv sex frågor till en annan elev.

1. Vilken __bok läser du__ ?
2. Vilken __bil har du__ ?
3. Vilket __papper är ditt__ ?
4. Vilket __väder tycker du om__ ?
5. Vilka __kläder köper du__ ?
6. Vilka __färger tycker du om__ ?

b Öva i par. Ställ frågorna i **a** till varandra. Svara.

20 Skriv klart frågorna.

1. Finns det någon _____?
2. Har du någon _____?
3. Har du något _____?
4. Kan du säga något _____?
5. Vet du om det finns några _____?
6. Vill du se några _____?
7. Har du läst någon _____?
8. Känner du någon _____?
9. Har du sett några _____?
10. Kan du berätta om något _____?

Köpa och sälja

21 Beskriv en av bilderna på sidan 76 och 77 i läroboken.
Använd så många adjektiv som möjligt.

Efter kapitel 13

a Vad kan du? Sätt kryss.

Jag kan
- [ ] förstå mina rättigheter som konsument
- [ ] förstå vad det står på ett kvitto
- [ ] förstå ett enkelt diagram
- [ ] använda adjektiv för att beskriva något eller någon
- [ ] förstå vad några vanliga skyltar betyder
- [ ] förstå några annonser från affärer
- [ ] förstå ett telefonmeddelande om öppettider i affären
- [ ] samtala om olika sätt att handla

b Om du inte förstår när någon talar med dig, vad gör du då?
- [ ] frågar vad han/hon sa
- [ ] säger att jag förstår
- [ ] ingenting

Ska Ellen byta jobb?

1 a Fyll i ord i meningarna. Välj i rutan. Några ord blir över.

> anställd   Arbetsförmedlingens   arbetskamrater   chef
> erfarenhet   företag   informerade   lön   möte   personal
> skära ner   söka   utbildning

1. Ellens _____ kallade till ett extra möte.

2. Ellen och hennes _____ blev oroliga.

3. Chefen ville prata med all _____ på kontoret.

4. Alla förstod att det var ett viktigt _____.

5. Chefen _____ om det ekonomiska läget.

6. Hon sa att banken tyvärr måste _____ på personal.

7. Ellen har varit _____ på banken ganska länge.

8. Hon har lång _____ av bankjobb.

9. Nu funderar hon på att _____ ett nytt jobb.

10. Hon ska titta på _____ hemsida om det finns några jobb hon kan söka.

b Tre ord blev över. Skriv meningar med dem.

2 Para ihop orden i listan med rätt förklaring. Skriv rätt nummer framför varje ord. Slå upp ord som du inte förstår.

___ A-kassan   ___ heltid   ___ tillsvidaretjänst

___ Arbetsförmedlingen ___ OB-tillägg   ___ tjänstledighet

___ arbetsgivare   ___ pensionerad   ___ uppsägningstid

___ arbetslös   ___ provanställning   ___ vikariat

___ deltid   ___ semester

Du arbetar i stället för någon som är sjuk eller ledig. Du har ett (1).

Du får pengar från (2) när du är arbetslös, om du har betalat in pengar medan du arbetade.

Du arbetar 100 %. Du arbetar (3).

Du arbetar inte hela dagen, bara en del av den. Du arbetar (4).

Du har inget arbete. Du är (5).

Du arbetar obekväm arbetstid och får extra betalt för det. Du får (6).

Din anställning varar så länge det finns arbete eller tills du säger upp dig själv. Du har en (7).

När du blir 65 år kan du sluta arbeta. Du blir (8).

Alla har rätt till fem veckors ledighet varje år. Alla har rätt till (9).

Du kan få ledigt från ditt arbete för att till exempel studera. Du kan få (10).

Du får en anställning i 6 månader för att arbetsgivaren ska se om du passar för jobbet. Du har en (11).

När du vill sluta ett arbete måste du normalt säga till minst en månad i förväg. Du har en månads (12).

Den som anställer dig kallas för (13).

(14) kan informera dig om lediga jobb.

3 Välj rätt pronomen.

min mitt mina	1 Jag pratar ofta med _____ grannar.
min mitt mina	2 _____ bror bor i Stockholm.
din ditt dina	3 Jag har glömt _____ telefonnummer.
hans hennes deras	4 Ellen och _____ väninna är på bio.
er ert era	5 Är det här _____ hus?
vår vårt våra	6 _____ grannar är trevliga.
hans hennes deras	7 Emil och _____ kompisar ska spela fotboll.

4 Skriv possessiva pronomen.

1 **Olle** har tre barn. _____ barn bor hos honom ibland.

2 **Jag** vill åka till _____ mormor.

3 Ska **du** träffa _____ vänner i kväll?

4 **Hanna** och _____ bror bråkar ofta.

5 **Vi** träffar ofta _____ kompisar.

6 Vad gjorde **du** i _____ hemland?

7 Ursäkta, är det **ni** som har ställt _____ bil utanför vårt hus?

8 **Anna och Peter** har en bil. _____ bil är gammal.

9 **Jag** hittar inte _____ böcker.

Yrken

5 **Vilket yrke har de? Välj i rutan.**

> barnskötare   bilmekaniker   bussförare   kassörska
> kock   frisör   läkare   lärare   sjuksköterska   tandläkare

1. Jag jobbar på kvällarna och helgerna. Mitt jobb är ganska stressigt för alla vill ha sin mat så snabbt som möjligt och den måste ju vara varm när man serverar den.

   _____

2. Jag står mycket i mitt jobb. Jag gillar att träffa kunder och se hur nöjda de blir när de går härifrån. När de sitter här hos mig pratar vi ofta om allt möjligt. Det är kul att lära känna kunderna.

   _____

3. Ibland på helgen är det rätt stökigt, särskilt körningarna efter midnatt. Många är fulla och det händer att de börjar bråka och slåss.

   _____

4. Jag trivs bra med jobbet på sjukhuset, men inte med arbetstiderna. Jag jobbar både kvällar och helger. Det är ganska stressigt för vi har så många patienter. När det kommer in nya patienter till avdelningen tar jag emot dem, tar hand om dem och ger dem mediciner som läkaren har bestämt.

   _____

5. Jag gillar att jobba med människor och se dem utvecklas och i mitt jobb träffar jag verkligen många människor. Men ibland blir det för många. Klasserna borde vara mindre så att alla kunde få den hjälp de behöver.

   _____

6 Var arbetar de? Para ihop yrke och arbetsplats. Dra streck.

1 en lärare   a på ett bageri

2 en försäljare   b i en skola

3 en bilmekaniker   c på en restaurang

4 en kock   d i en affär

5 en sjuksköterska   e på en bilverkstad

6 en barnskötare   f på ett sjukhus

7 en bagare   g i en förskola

7 Titta i diagrammen. Svara på frågorna.

1 Hur många procent av undersköterskorna var kvinnor år 2010? _____

2 I vilket av de tre yrkena arbetade flest män? _____

3 Var det flest män eller flest kvinnor som arbetade som läkare år 2010? _____

Vad jobbar du med?

8 Lyssna på hörövningen (C) på sidan 85 i läroboken. 🎧
Fyll i det som fattas.

KARIN: Vad _____ 1 du med då?

DANIEL: Jag är sjuksköterska.

KARIN: Jaha, här på _____ 2 ?

DANIEL: Ja.

KARIN: _____ 3 är det då?

DANIEL: Jo, jag _____ 4 bra. Och jag har

trevliga _____ 5 .

KARIN: Jag har hört att de drar ner på _____ 6 .

DANIEL: Ja, det har blivit mycket _____ 7 de senaste åren.

KARIN: Då jobbar du på _____ 8 och helger också?

DANIEL: Ja, var tredje _____ 9 jobbar jag. Det är lite trist, tycker jag. Min fru jobbar på

_____ 10 , så hon är ledig på helgen. Det känns inte så roligt att gå i väg till jobbet då.

KARIN: Det _____ 11 jag.

DANIEL: Men jag har _____ 12 ett jobb på en vårdcentral nu. Där jobbar man dagtid.

Och bara _____ 13 till fredag. Vi får se om jag får det.

KARIN: Jag ska hålla tummarna. _____ 14 till!

DANIEL: Tack.

9   Öva i par. Skriv en dialog mellan två personer med olika yrken.
    Välj bland yrkena på sidan 82 och 83 i läroboken. Titta på dialogen på
    sidan 84 i läroboken för att få hjälp.

Vi frågar

dröm	föräldrar	i stället
lekte	patienter	skötte
utbilda	verklighet	välja

10 Fyll i ord i meningarna. Välj i rutan.
    Några ord blir över.

    1 Min _____ var att bli läkare.

    2 Jag _____ ofta att jag arbetade på sjukhus.

    3 Båda mina _____ var läkare.

    4 De sa att jag själv fick _____ vad jag ville bli.

    5 Jag valde att _____ mig till läkare.

    6 Nu har min dröm blivit _____ .

11 Vad ville du bli när du var yngre? Varför?

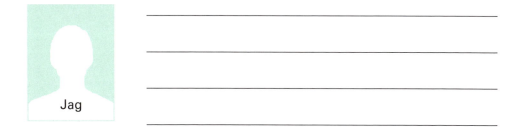

12 Diskutera.

    1 Vad hade du för yrkesdrömmar som barn?
    2 Blev du det du drömde om? Varför/varför inte?
    3 Vad kan det vara som gör att man väljer ett speciellt yrke?

Intervju med Tina

13 a Tänk dig att du arbetar som journalist på en tidning.
Du ska intervjua en person om hans eller hennes jobb.
Skriv frågor.

b Öva i par. Ställ frågorna i **a** till varandra.
Den som svarar får använda sin fantasi.
Skriv svaren.

14 Fyll i <u>vilken</u>, <u>vilket</u> eller <u>vilka</u>.

1 _____ trevlig fest!

2 _____ fina kläder du har köpt!

3 _____ dåligt väder det är i dag!

4 _____ snälla kompisar du har!

5 _____ snygg tjej!

6 _____ gott te!

7 _____ tråkig nyhet!

8 _____ vackra ögon du har!

9 _____ fint halsband du har!

10 _____ rolig film!

15 Varifrån kommer texterna? Para ihop texterna med rätt tidning eller bok. Skriv rätt nummer framför varje ord.

___ dagstidning ___ klädkatalog ___ resekatalog ___ deckare

___ veckotidning ___ serietidning ___ kärleksroman

1. VILKET FINT FOTO DET HÄR BLIR!

2. De nya höstjackorna är här i härliga färger och sköna modeller!

4. Han gick fram till henne och kysste henne ömt på kinden. Hon tittade honom djupt i ögonen och tänkte att hon alltid skulle älska honom.

3. Två personer omkom i en bilolycka på väg 33 i går kväll. En personbil kom av okänd anledning över i fel körbana och körde rakt in i en mötande lastbil.

5. Han stod alldeles stilla och lyssnade. Någonstans i huset rörde sig någon. Var det mördaren som hade kommit tillbaka för att fortsätta leta efter det han inte hade hittat tidigare?

6. *Följ med till underbara Portugal. Här får du allt vad du behöver för en avkopplande semester: sol, bad, god mat och dryck. Du kan välja mellan ett flertal trivsamma hotell.*

7. Har du också funderat på hur du ska komma i baddräkten i sommar? Här får du tips på hur du kan komma igång med din träning.

Ett reportage

16 En dagstidning är indelad i olika delar. I vilken del kan du läsa de här meningarna? Skriv rätt nummer framför varje del.

___ Inrikesnyheter   ___ Ekonomi   ___ Sport

___ Utrikesnyheter   ___ Familj   ___ Kultur

1 Vigsel har ägt rum mellan Ida Svensson och Patrik Ottosson

2 Börsnedgången har orsakat problem inom IT-sektorn.

3 En svår bilolycka inträffade i går eftermiddag på E4 strax söder om Södertälje.

4 USA:s president är på besök i Kina.

5 Sverige tog VM-guld i simning.

6 Priset för bästa utländska film gick till Italien.

17 I övning 13 på sidan 60 här i övningsboken intervjuade du en annan elev. Skriv ett reportage med hjälp av svaren du fick. Här får du hjälp med vad som ska finnas med.

18 Fyll i <u>sin</u>, <u>sitt</u> eller <u>sina</u>.

1. Martin gillar _____ nya cykel.

2. Han visar den för _____ kompisar.

3. Peter är på _____ jobb.

4. Anna ringer till _____ väninna.

5. Hanna har många kompisar i _____ klass.

6. Familjen Johansson gillar _____ lägenhet.

7. De tycker om _____ grannar.

8. De trivs i _____ hus.

19 Skriv rätt pronomen.

1. Hanna träffar ofta _____ kompisar.
   (Hannas)

2. Martin gillar inte _____ kompisar.
   (Hannas)

3. Martin tycker om att cykla på _____ cykel.
   (Martins)

4. Peter och Anna sitter på gården utanför _____ hus.
   (Peters och Annas)

5. På gården har Ellen och Jonas parkerat _____ bil.
   (Ellens och Jonas)

6. Peter och Anna tittar på _____ bil.
   (Ellens och Jonas)

7. Peter och Anna vill sälja _____ bil och köpa en ny.
   (Peters och Annas)

8. Ellen och Jonas är nöjda med _____ bil.
   (Ellens och Jonas)

När ska Viktor börja på dagis?

20 a Läs meningarna. Vad tycker du? Håller du med? Sätt kryss för de meningar som du håller med om.

1. ☐ Barnet ska inte börja dagis förrän det är tre år.
2. ☐ Dagis är inte bra för barnet.
3. ☐ Det är mamman, inte pappan, som ska vara hemma med barnet.
4. ☐ Mamman är viktigare för barnen än pappan.
5. ☐ Män och kvinnor är lika bra på att ta hand om barnen.
6. ☐ Mamman och pappan ska dela på föräldraledigheten.
7. ☐ Mannen ska försörja familjen. Kvinnan ska vara hemma.

b Diskutera era svar i **a**. Förklara för varandra.

21 Skriv adjektiv eller adverb.

1. Peter vill ha en _____ bil. (ny)
2. Han gillar att köra _____ . (snabb)
3. Han vill åka _____ bort på semestern. (lång)
4. Hanna kommer för _____ till skolan. (sen)
5. Prata inte så _____ ! (hög)
6. Emil är en _____ kille. (snäll)
7. Vad _____ du skriver! (snygg)
8. Du är riktigt _____ . (duktig)

Barn och föräldrar

22 Skriv svar.

1 Var kan man få information om föräldrapenning?

___

2 Hur mycket pengar får man under föräldraledigheten?

___

3 Vad betyder vabba?

___

På jobbet

23 Skriv om bilderna på sidan 98 och 99 i läroboken.

Efter kapitel 14

a Vad kan du? Sätt kryss.

Jag kan
- [ ] säga namnet på några yrken
- [ ] samtala om ett jobb
- [ ] berätta om mina yrkesdrömmar
- [ ] läsa ett kort reportage
- [ ] förklara vad föräldrapenning är
- [ ] förstå ett enkelt diagram

b Vad behöver du öva mer på?

___

___

15

Information om en friluftsdag

1 Fyll i ord i meningarna. Välj ord i rutan.

> aktiviteter   anmälan   final   fotbollsplanen
> friluftsdag   hemresan   hjälm   information
> matsäck   samlingen   tipspromenad   tävlingen

1 I skolan brukar man ha _____ några gånger om året.

2 Ibland finns det olika _____ som man kan välja.

3 Har du fått _____ om vad du kan välja?

4 De gick en _____ i skogen. Frågorna var svåra.

5 Eleverna behöver inte ta med sig _____. De får lunch i skolan.

6 Jag vill anmäla mig till _____.

   Var kan jag lämna min _____ ?

7 Vet du vilken tid _____ är för dem som ska spela match?

8 På _____ satt alla tysta eftersom vi var så trötta.

9 Har du ingen _____ när du cyklar?

10 Var ligger _____ där vi ska spela?

11 Tror du Sverige går till _____ i fotbolls-VM?

Friluftsdagen

2 **Skriv verben i infinitiv.**

1 Han berättade inte om olyckan för någon. _____

2 Varför ringde du inte? _____

3 Vi reste till Paris förra året. _____

4 Var bodde du förut? _____

5 Läste du färdigt boken? _____

6 Jag mådde inte så bra i går kväll. _____

7 Jag pratade med henne i går. _____

8 Jag trodde inte på honom. _____

3 **Skriv verben i infinitiv.**

1 Vad gjorde du på sommarlovet? _____

2 Han var sjuk hela veckan. _____

3 Vi tog många bilder på resan. _____

4 På födelsedagen fick jag många presenter. _____

5 De bjöd alla sina vänner på en stor fest. _____

6 Förra veckan hade han ont i halsen. _____

7 Vem vann fotbollsmatchen? _____

8 Han gick hem från skolan. _____

15

4 Återberätta texten på sidan 102 och 103 i läroboken med hjälp av bilderna.

1
2
3
4
5
6

5 a Skriv en berättelse om en cykeltur.
   Titta på bilderna och använd orden i rutan.

```
samling   fint väder   cykelparkering   hjälm   ryggsäck
     vattenflaska   skogen   lunch   smörgås   dricka
   frukt   hemåt   mulet   blåsa   regn   hemma igen
```

Du kan börja så här:

En dag i oktober hade Småstads gymnasium friluftsdag. Hanna valde att göra en cykeltur. Samlingen var klockan...

b Skriv om en av de andra aktiviteterna på sidan 100 i läroboken.

Allemansrätten

6 Fyll i ord i meningarna. Välj i rutan.

> hänsyn   naturen   röra
> skada   skräpa   stör   vistas

I Sverige är det många som tycker om att _____ ute
1

i _____. Vi får _____ oss
2   3

fritt, men vi måste ta _____ till andra människor.
4

Det är också viktigt att vi inte _____ djurlivet. Vi får
5

inte _____ ner och vi får inte
6

_____ naturen.
7

7 Titta på bilden. Skriv rätt nummer framför varje ord.

__ ett berg

__ en åker

__ en älv

__ en stig

__ en väg

__ en skog

__ en äng

__ en sjö

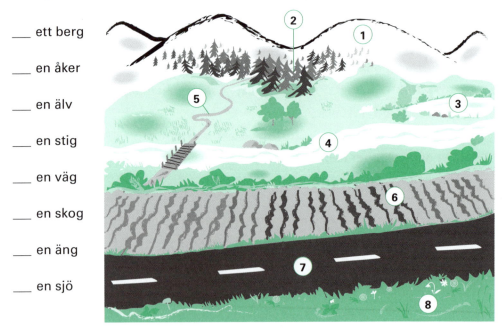

8 De här djuren finns i skogen. Vad heter de? Skriv rätt ord under bilderna.

en björn   en hare   en mus   ett rådjur   en räv   en varg   en älg

1 _____   2 _____   3 _____

4 _____   5 _____   6 _____

7 _____

9 Vilket djur passar i uttrycket? Välj i rutan.

en björn   en hare   en mus   en räv   en varg

▶ Hungrig som ___*en varg*___ .

1 Rädd som _____ .

2 Tyst som _____ .

3 Stark som _____ .

4 Listig som _____ .

5 Hungrig som _____ .

När kommer Emil hem?

10 Läs texten på sidan 110 i läroboken. Skriv svar.

1 Varför ringer Emil till Ellen?

_____

_____

2 Vad har hänt killarna?

_____

_____

3 Varför kommer Emil inte hem den tiden som han hade sagt?

_____

_____

4 Vad berättar Ellen för Jonas?

_____

_____

_____

_____

5 När ska Emil ringa igen?

_____

_____

11 Berätta vad Klara och de andra barnen gjorde i går.

▶ Klaras fröken säger att alla barnen ska gå till skogen.

Klaras fröken sa att alla barnen skulle gå till skogen.

1 Fröken berättar att barnen ska gå en tipspromenad.

Fröken berättade

2 Hon berättar att de ska svara på frågor.

3 Alla barnen tycker att det verkar kul.

4 Klara tror att hon har svarat rätt på frågorna.

5 Fröken säger att de ska äta frukt ute i skogen.

6 Klara tycker att det är en rolig utflykt.

Ellen träffar en granne

12 Lyssna på hörövningen (C) på sidan 115 i läroboken.
Fyll i det som fattas.

EBBA: Hejsan!

JOHN: Hej, hej.

EBBA: Vad _____ det är i dag!
                    1

JOHN: Ja, det blir säkert trettio _____ mitt på
                                             2
dagen.

EBBA: Ja, säkert. Och inte _____ det heller.
                                      3

Och det ska vara varmt hela _____ sa de på
                                      4
radio.

JOHN: Ja, nu skulle man vilja vara _____ i stället.
                                              5

EBBA: Ja. Du _____ också fortfarande?
                        6

JOHN: Ja, tyvärr. Men _____ vecka är jag ledig.
                                   7

EBBA: Skönt. Jag jobbar två veckor _____,
                                              8

sedan har jag semester hela _____.
                                      9

JOHN: Du, förresten, har du läst _____
                                             10
om att de ska byta dörrar?

EBBA: Ja, äntligen. Det blir bra med säkrare dörrar.

JOHN: Men jag är på semester den veckan i _____
                                                       11
då de ska bytas. Är du _____ och kan
                               12
_____ mig med nyckeln då?
         13

EBBA: Javisst. Det kan jag ordna.

JOHN: Tack, _____ bra!
                        14

13 Öva i par. Skriv en dialog.

Ni är två grannar som träffas på morgonen. Ni börjar prata om hur regnigt det är. Ni pratar också om information som ni har fått om något som ska hända i huset, till exempel byte av fönster eller nya tvättmaskiner i tvättstugan.

14 Var kastar du det här? Skriv orden på rätt ställe.

dagstidning   glasburk   glasflaska   mjölkpaket
papperskasse   plastburk   plastpåse   plåtburk
reklamblad   tandkrämstub   äggkartong

GLAS

PLAST

METALL

KARTONG

TIDNINGAR

Vi frågar

**15 a Läs meningarna. Vad tycker du? Håller du med?
Sätt kryss för de meningar som du håller med om.**

1. ☐ Det är viktigt att värna om vår miljö.
2. ☐ Sverige är ett bra land.
3. ☐ Det är lätt att lära sig svenska.
4. ☐ Den som har pengar är lycklig.
5. ☐ Man ska alltid tala sanning.

**b Diskutera era svar i a. Förklara för varandra.
Använd de här fraserna:**

Jag tycker att...   Enligt min åsikt är...   Jag bryr mig inte om...
Jag anser att...   Min uppfattning är att...   Jag vet att...
Min åsikt är att...   Jag tycker inte...   Jag tror att...

16 Fyll i det ord som fattas.

VERB	SUBSTANTIV
_____	parkering
_____	simning
cykla	_____
_____	ökning
_____	minskning
samla	_____
sortera	_____
tävla	_____
_____	eldning

Rökning

17 Rätt eller fel? Sätt kryss.

		Rätt	Fel
1	Det finns ingen risk för rökare att få cancer i lungorna.	☐	☐
2	Du kan skada dina lungor om du andas in röken från någon annans cigaretter.	☐	☐
3	Man får röka överallt i Sverige.	☐	☐
4	Cigaretter har blivit billigare på senare år.	☐	☐
5	365 paket cigaretter kostar cirka 19 000 kronor.	☐	☐
6	Om du köper ett paket cigaretter varje dag i 10 år kostar det dig cirka 190 000 kronor.	☐	☐
7	Det blir fler och fler som röker i Sverige.	☐	☐
8	År 1980 var det fler män än kvinnor som rökte.	☐	☐
9	Det var fler män än kvinnor som rökte 2010.	☐	☐
10	Det var fler som rökte 1990 än 2010.	☐	☐
11	År 1990 rökte ungefär lika många män och kvinnor.	☐	☐

18 a Här kan du se hur mycket män och kvinnor i olika åldrar rökte år 2011. Svara på frågorna.

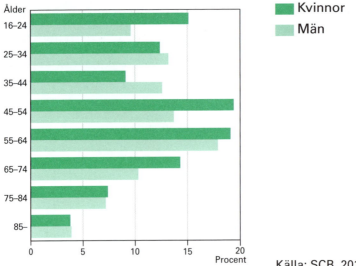

Källa: SCB, 2011

1 I vilken åldergrupp rökte flest män? _____

2 Hur många procent av kvinnorna i åldern 16–24 år

   rökte dagligen år 2011? _____

3 I vilken åldersgrupp rökte minst antal kvinnor? _____

4 Hur många procent av männen i åldern 65–74 år rökte dagligen? _____

5 Var det flest män eller kvinnor i åldern 45–54 år som rökte?

   _____

b Diskutera.

1 Vilka röker mest i ditt hemland, unga eller gamla?

2 Var får man inte röka i ditt hemland?

Vår miljö

19 Titta på bilderna på sidan 122 och 123 i läroboken och läs texterna här. Vilken bild passar ihop med texten? Skriv bildens nummer i rutan framför texten.

☐ För att värna om miljön för gäster och personal är rökning förbjuden på restauranger och kaféer.

☐ Bilar släpper ut avgaser som förorenar vår miljö.

☐ Köttproduktionen är orsak till stora mängder växthusgaser.

☐ Regnskogarna på jorden minskar i storlek. Vi människor avverkar mer och mer skog för att använda marken till odling.

☐ Det är förbjudet att kasta skräp på marken.

Efter kapitel 15

a Vad kan du? Sätt kryss.

Jag kan
- ☐ läsa och förstå ett enkelt informationsblad
- ☐ återberätta en kort text
- ☐ samtala om vädret
- ☐ berätta vad jag tycker och varför jag tycker så
- ☐ förstå ett enkelt diagram
- ☐ säga namnen på några vilda djur

Jag vet
- ☐ vad allemansrätten är

b Vad behöver du öva mer på?

_____

_____

Hanna och Emil

1 Fyll i ord i meningarna. Välj i rutan.

> fest   kuvert   känslor   längta   lust
> tjej   undvika   vek   ångrade   brev

Första gången Anna såg Peter hade han redan en

_____. Anna tänkte ofta på Peter, men hon
   1

försökte _____ att träffa honom, eftersom hon
            2

inte ville att han skulle förstå hennes _____ för
                                              3

honom. Efter ett tag gjorde han slut med sin flickvän, och hon började

_____ efter att träffa honom.
        4

En kväll var hon med en kompis på en _____. Peter
                                              5

var där. Efter en stund frågade hon om de skulle dansa. När festen var slut,

undrade han om de skulle träffas igen. Hon trodde att han ville skoja med

henne för att han hade förstått att hon var kär i honom, så hon sa att hon

inte hade _____.
              6

När hon kom hem, _____ hon sig. Nästa dag
                            7

skrev hon ett brev, _____ ihop det, la det i ett
                            8

_____ och gick för att posta brevet. Där mötte hon
         9

Peter som också skulle posta ett _____.
                                         10

2 Fyll i rätt form av verbet.

1. Vad vill du _____? (drick)
2. Han har redan _____ tre koppar kaffe. (drick)
3. Var är min penna? Den har _____. (försvinn)
4. Jag _____ inte till banken i går. (hinn)
5. Varsågod och _____. (sitt)
6. Vi kan _____ här och vila en stund. (sitt)
7. I morse _____ han till bussen. (spring)
8. Kan du _____ hur hon ser ut? (beskriv)
9. Hon blev ledsen när hon _____ sönder byxorna. (riv)
10. Varför _____ du hela tiden? (skrik)
11. Har du _____ under köpekontraktet? (skriv)
12. Hade Emil _____ Hanna? (svik)
13. Varför _____ du mig nu? (undvik)
14. Du ska _____ ihop papperet på mitten. (vik)
15. _____ härifrån! Jag vill inte se dig. (försvinn)
16. Han _____ när han ramlade och slog sig. (skrik)
17. Jag har inte _____ laga mat i dag. (hinn)
18. Tittade du på fotbollsmatchen i går? Vem _____? (vinn)

3 Skriv <u>och</u>, <u>men</u>, <u>för</u> eller <u>så</u> mellan satserna.

1 Peter är sjuk _____ han stannar hemma från jobbet i dag.

2 Han ringer till jobbet _____ säger att han är sjuk.

3 Han äter värktabletter _____ han har ont i huvudet.

4 Han ligger i sängen _____ sover hela dagen.

5 Han äter värktabletter _____ han blir inte bättre.

6 Efter en vecka är han fortfarande sjuk _____ han ringer till doktorn.

4 Skriv egna meningar med <u>och</u>, <u>men</u>, <u>för</u> och <u>så</u>.

och _____

men _____

för _____

så _____

Varför ljög Tina?

5 a Läs texten.

Olle är besviken på Tina. Hon har ljugit för honom. Han trodde att det kunde bli något mellan dem. Hur ska han kunna träffa en kvinna? Det känns hopplöst.

Han bläddrar i tidningen och får upp en sida med kontaktannonser. Kan man finna en kvinna på annons, tänker han? Han tror inte det, men han läser annonserna i alla fall.

KVINNOR SÖKER MÄN

Fräsch 30-årig mamma med två barn och god ekonomi söker en pigg och glad man. Du ska vara positiv, ärlig och ha humor.
Svar till: Ärlighet varar längst

Ungdomlig 52-årig kvinna söker en seriös, självständig man i 40–50-årsåldern att dela livet med. Jag tycker om att resa, men uppskattar också lugna hemmakvällar.
Svar till: Hoppfull

Attraktiv kvinna, 56 år, söker en man i passande ålder. Jag tänker mig dig som glad, öppen och romantisk. Mina intressen är naturen, bilturer, promenader och sköna hemmakvällar.
Svar till: En vän för livet

Här är jag! 40-årig, söt, ungdomlig kvinna som gillar båtliv och golf. Var är du som kan förgylla min vardag? Barn inget hinder.
Svar till: Livet leker

Jag är strax över 50 med två vuxna barn. Jag söker en man under 50, välvårdad och romantisk, som vill satsa på ett seriöst förhållande.
Svar till: Helhjärtat

b Diskutera.

1 Finns det någon kvinna som skulle passa Olle? Vem? Förklara varför du tycker det.

2 Kan man träffa rätt person på annons?

3 Vad finns det för mötespunkter för män och kvinnor som vill träffa en livskamrat?

4 Finns det skillnader mellan Sverige och ditt hemland när det gäller att hitta en livskamrat?

6 Fyll i rätt form av verbet.

1 Jag har _____ många vänner till festen.
   (bjud)

2 Vilka ska du _____ på din födelsedagsfest?
   (bjud)

3 Förra semestern _____ vi till Thailand.
   (flyg)

4 Jag _____ ofta i mitt jobb för jag har kontakter över hela världen.
   (flyg)

5 Vad kallt det är. _____ du inte?
   (frys)

6 Här är det varmt. Här behöver du inte _____.
   (frys)

7 Har du _____ för mig?
   (ljug)

7 Skriv klart meningarna.

▶ Om det blir fint väder i morgon _ska vi bada._

1 Eftersom jag är sjuk _____

2 Trots att jag är mätt _____

3 När jag kommer hem _____

4 Fastän klockan är elva _____

5 Medan han äter lunch _____

Det är orättvist!

8 Lyssna på hörövningen (D) på sidan 135 i läroboken. 🎧
Fyll i det som fattas.

DOTTERN: Amanda och Emma ska _____ till
Grekland på sommarlovet. De undrar om jag vill

_____ med.

MAMMAN: Jaha. Ska de åka med Amandas _____ då,
eller?

DOTTERN: Nej, _____.

MAMMAN: Va? Själva? De är ju _____ 16 år!

DOTTERN: Ja, men deras _____ har skrivit under
något papper där det står att de får åka själva.

MAMMAN: Det var det värsta _____ har hört!

Skicka i väg sina _____ till Grekland
själva!

DOTTERN: Men, mamma, vi är _____ faktiskt

16 år. Vi är inte barn längre. Jag vill

_____ åka.

MAMMAN: Ni är visst barn. Det är ni så länge ni är under 18 år.

Och du _____ inte åka.

DOTTERN: Jamen, inget kan _____.

MAMMAN: Kan inget hända? Läser du inte _____?
Tittar du inte på nyheterna? Du får absolut

_____ åka!

DOTTERN: Mina kompisar får ju åka. Det är så _____!

9 a **Läs meningarna. Vad tycker du? Håller du med? Sätt kryss för de meningar som du håller med om.**

1. ☐ Ungdomar ska få bestämma själva när de ska komma hem på kvällen.
2. ☐ Föräldrarna ska bestämma över ungdomarna.
3. ☐ Killar ska få vara ute längre på kvällarna än tjejer.
4. ☐ Tjejer ska vara hemma på kvällarna.
5. ☐ Tjejer kan gå ut ensamma på kvällen.
6. ☐ En kille och en tjej kan vara bästa kompisar.
7. ☐ Ungdomar kan åka på semester själva utan vuxna.

b **Diskutera era svar i a. Förklara för varandra.**

10 **Öva i par. Välj en av följande situationer. Skriv en dialog.**

- Ni är mamma och 15-årig dotter. Dottern vill gå på bio med en kille. Mamman vill att hon ska vara hemma och läsa läxor.

- Ni är två väninnor som vill gå på bio. Ni vill se olika filmer.

- Ni är pappa och son. Sonen har just tagit körkort och vill låna bilen. Pappan säger att han behöver den själv.

- Ni är ett gift par som ska bestämma vart ni ska åka på semester. En gillar sol och värme, men det gör inte den andra.

Var ska barnen fira jul?

11 Rätt eller fel? Läs texten på sidan 138 och 139 i läroboken. Sätt kryss.

		Rätt	Fel
1	Olle var gift med Helen förut.	☐	☐
2	Olle har två söner och en dotter.	☐	☐
3	Barnens mamma heter Helen.	☐	☐
4	Helen ska fira jul hos sin bror.	☐	☐
5	Lasse ska åka till England.	☐	☐
6	Helen vill ändra på det de har bestämt.	☐	☐
7	Helen tror inte att barnen vill träffa sina kusiner.	☐	☐
8	Olle ska hämta barnen dagen före julafton.	☐	☐

12 Titta i almanackan på sidan 139 i läroboken. Skriv svar.

1 Alla veckor har nummer. Vilken vecka är det jul? _____

2 Hur många söndagar i december firar vi advent? _____

3 Vem har namnsdag på julafton? _____

4 Vilken veckodag är nyårsafton? _____

5 Vem har namnsdag på nyårsafton? _____

6 När har Viktor namnsdag? _____

7 Vilken vecka är det trettondedag jul? _____

8 Vilket datum är nyårsdagen? _____

9 När är det Lucia? _____

13 Skriv satsadverbialet på rätt plats i meningen.

▶ Olle längtar efter barnen. (alltid)

Olle längtar alltid efter barnen.

1 Hon kommer för sent. (ofta)

2 De är på semester. (fortfarande)

3 Du ljuger. (jämt)

4 Hon kan komma. (nog)

5 Han vill vara ensam. (aldrig)

6 Har du läst boken? (redan)

7 Varför pratar du med henne? (inte)

8 Nu ska vi sluta. (äntligen)

9 Förra veckan var han sjuk. (tyvärr)

10 Nästa år ska de flytta till London. (förmodligen)

14 Skriv satsadverbialet i bisatsen.

▸ Jag ska gå en promenad om det regnar. (inte)

Jag ska gå en promenad om det inte regnar.

1 Jag stannar hemma om jag mår bra. (inte)

_____

2 Pojken är vaken trots att klockan är tio. (säkert)

_____

3 Jag kan hjälpa dig om du vill. (verkligen)

_____

4 Du kan låna en ny bok eftersom du är klar med den första. (redan)

_____

5 Eftersom han går ut, har han inte många vänner. (sällan)

_____

6 När klockan blev fem, slutade vi. (äntligen)

_____

7 Om du ska bråka, vill jag inte träffa dig. (alltid)

_____

8 Trots att han går ut och dansar, träffar han ingen ny kvinna. (ofta)

_____

_____

Högtider

15 Läs texten på sidan 142 i läroboken. Skriv svar.

1 Vilken årstid firar vi jul? _____

2 Hur lång är julhelgen? _____

3 Vilket datum delar vi ut julklappar? _____

4 Vad kallas den 31 december? _____

5 När firar vi påsk? _____

6 Vilken årstid firar vi midsommar? _____

7 Vad gör vi på midsommarafton? _____

_____

16 Vad kan man säga...

1 ... när man ska fira jul?   a God jul!

2 ... när man träffar någon första dagen på året?   b Glad påsk!

3 ... när man säger hej då till någon strax före midsommar?   c Gott nytt år!

4 ... när man ska fira påsk?   d Tack detsamma!

5 ... till lärare och elever när vårterminen är slut?   e Glad midsommar!

6 ... när någon önskar en god jul?   f Glad sommar!

17 Titta i almanackan och svara på frågorna.

1 Den första januari är en helgdag. Vad kallas den dagen?

2 Vilken årstid är det påsk?

3 I vilken månad är det midsommar?

4 Kristi himmelsfärdsdag är alltid samma veckodag. Vilken?

5 Hur många dagar i juni är allmänna flaggdagar?

6 Vem har namnsdag den sista februari?

7 Vilken veckodag är pingstdagen?

8 Vad firar vi den 6 juni?

Vi frågar

18 Fyll i rätt ord i meningarna. Välj i rutan.

> firar   hoppas   speciellt   traditioner   tyvärr   umgås   vanligt

1 Vi brukar inte göra något _____ på påsken. Bara vara tillsammans med familjen.

2 Hur _____ ni jul?

3 Jag kan _____ inte komma på festen. Jag ska resa bort.

4 Jag _____ att du vill komma på mitt födelsedagskalas.

5 Vilka _____ du med på fritiden?

6 I vår familj har vi inga speciella _____.

7 Vi ska fira midsommar precis som _____.

Tillsammans

19 a Passar någon av följande känslor in på personerna på bilderna på sidan 146 och 147? Skriv bildens (eller bildernas) nummer efter orden.

förälskelse _____   passion _____

glädje _____   svartsjuka _____

kärlek _____   vänskap _____

lycka _____   värme _____

omtanke _____   ömhet _____

b Diskutera svaren i **a**. Förklara för varandra.

Efter kapitel 16

a Vad kan du? Sätt kryss.

Jag kan
- [ ] samtala om relationer
- [ ] samtala om likheter och skillnader mellan Sverige och mitt hemland
- [ ] berätta om en egen tradition
- [ ] läsa och förstå en almanacka

Jag vet
- [ ] namnet på några svenska högtider och hur de brukar firas

b Vad gör du om en person inte förstår vad du säger?
- [ ] säger det en gång till
- [ ] säger att det inte var något viktigt
- [ ] går därifrån

c Var talar du svenska?
- [ ] i skolan
- [ ] hemma
- [ ] i affären
- [ ] på stan
- [ ] Annan plats: _____

d Om du inte förstår ett ord, vad gör du?
- [ ] frågar läraren
- [ ] frågar en annan elev
- [ ] tittar i lexikon
- [ ] ingenting

Linda och Hassan

1 Fyll i ord i meningarna. Välj ord i rutan.

| fick tag i | flytta ihop | funderar | förort | ordna | trivs | trång |

1. Hur _____ du i din nya lägenhet?

2. Vi bor i en _____ norr om Göteborg.

3. Lägenheten är liten och _____.

4. Han hade tur som _____ en lägenhet i centrala Stockholm.

5. De har varit tillsammans ett tag och nu vill de _____.

6. Han kan nog _____ jobb åt mig på sitt företag.

7. Vi _____ på att flytta in till stan, men vi har inte bestämt oss än.

2 <u>Var</u> eller <u>vart</u>? Titta på svaren och skriv frågor som passar.

1. _____ ? I Stockholm.

2. _____ ? På jobbet.

3. _____ ? Till skolan.

4. _____ ? På Storgatan 53.

5. _____ ? Till Malmö.

6. _____ ? I sovrummet.

7. _____ ? Till min kompis.

3 Para ihop frågor och svar. Dra streck.

1 Var är du nu? a Jag vill gå dit.

2 Vart gick du efter skolan? b Där borta stannar den.

3 Var är Emil? c Hemma hos en kompis.

4 Vart ska de gå? d De ska gå ut.

5 Var ligger boken? e Jag är ute i skogen.

6 Vart åkte ni på semestern? f Här på hyllan.

7 Var stannar bussen? g Hem till min kompis.

8 Vart vill du gå? h Vi åkte till Italien.

4 Skriv platsadverbial i meningarna. Välj i rutan. Ibland kan flera passa.

hem   hemma   hit   här   upp   uppe   ut   ute

1 Jag vill inte åka _____.

2 Han ska vara _____ till klockan åtta i kväll.

3 Kom _____ nu. Vi ska äta.

4 Vill du gå _____ på en promenad?

5 Han stannade _____ hela dagen.

6 Vad gör du där _____ i trädet?

7 Titta _____. Det snöar.

8 Jag är trött. Jag måste gå _____ nu.

Hus eller lägenhet?

5 Läs texterna. Vilken typ av bostad har personerna? Para ihop orden med rätt beskrivning. Skriv rätt nummer framför varje ord.

___ andrahandslägenhet   ___ hyreslägenhet   ___ studentbostad

___ bostadsrättslägenhet   ___ radhus   ___ villa

1. Vi flyttade hit när vårt tredje barn var på väg. Vi ville ha ett hus med trädgård, men ändå inte betala alltför mycket. Här har barnen det bra, med kompisar vägg i vägg.

2. Nu har jag bott här i ett år. Jag flyttade hit när jag började plugga på universitetet. Jag var ny i stan och på det här sättet fick jag kompisar direkt. Jag har ett eget rum, men jag delar kök med nio andra. Ibland kan det vara skönt med lite sällskap, och då kan man gå ut i köket och prata en stund.

3. Det här är ett bra sätt att bo. Vi har så trevliga grannar. Vi tycker alla att det är viktigt att hålla ordning, eftersom vi äger fastigheten tillsammans. Vi köpte lägenheten för två år sedan och hoppas att vi får tillbaka pengarna när vi säljer den och flyttar till villa. Vi kanske till och med kan göra en vinst.

4. Det här är första gången jag bor ensam. Det var inte lätt att hitta bostad, så jag fick hyra den här av en kille som skulle plugga utomlands ett år. När han kommer tillbaka måste jag flytta ut.

5. Så här har jag alltid drömt om att bo. Det är så skönt att ha något eget. Vi har en stor tomt och inga grannar som stör. Visst är det mycket arbete med både trädgården och huset, men vi trivs utmärkt.

6. Vi har bott här i fem år nu och trivs ganska bra. Visst skulle vi vilja köpa något eget, men vi har inte råd med det just nu. Här betalar vi bara hyran. Det är ett stort bostadsföretag som äger huset, och servicen är bra. Förra året gick kylskåpet sönder. Då var det bara att säga till, så fick vi ett nytt.

6 Vilken bostad beskrivs? Skriv rätt bokstav efter varje mening.

FASTIGHETER

Säljes | Uthyres

A Radhus i barnvänligt område, nära lekplats och förskola. Liten tomt med uteplats och gräsmatta.

B Villa på landet, 6 r o k, 145 m², garage, förråd, stor tomt.

C Radhus, 5 r o k, två plan, carport. Uthyres under ett år.

D Hus på landet, 15 km från Lillstad, 110 m², stor tomt, garage.

LÄGENHETER

Säljes | Uthyres

E 3 r o k, 2:a vån, centralt, 85 m², balkong.

F Trea i markplan, uteplats, lugnt område.

G 2 r o k centralt, vån 4 av 5, hiss, balkong.

H Tvåa, 56 m², parkeringsplats ingår.

1 Den här lägenheten ligger på andra våningen. _____

2 Det här huset kan du hyra i ett år. _____

3 Den här lägenheten på två rum och kök har ingen balkong. _____

4 Om du hyr det här huset kan du ha bilen i garage. _____

5 Hyreshuset där lägenheten ligger har fem våningar. _____

6 Det här huset som du kan köpa ligger utanför stan. _____

7 Om du köper den här lägenheten har du uteplats. _____

8 Det här är ett bra hus att köpa om du har små barn. _____

7 Lyssna på hörövningen (D) på sidan 155 i läroboken. 🎧
Fyll i det som fattas.

KERSTIN: Är det inte lite för _____ 1 _____ för oss här

nu, Åke?

ÅKE: Vad menar du?

KERSTIN: Jo, jag _____ 2 _____ , det kanske är dags

att vi _____ 3 _____ och flyttar till något

mindre och bekvämare. Närmare centrum.

ÅKE: Ja, du har kanske rätt. Det är _____ 4 _____

att sköta om. Och vi blir ju inte yngre.

KERSTIN: Nej, vi blir ju inte det. Visst är det skönt med eget

_____ 5 _____ och stor tomt, men det är så

mycket att ta hand om. Hela _____ 6 _____

är det jobb med trädgården. Och så all städning inomhus.

ÅKE: Men jag kommer att sakna _____ 7 _____ .
Det är så skönt att kunna sitta ute och äta när det är varmt.

Vi skulle ju kunna skaffa ett _____ 8 _____

med en mindre trädgård än den här?

KERSTIN: Ja, jo, men... Det är ju det här med

_____ 9 _____ också. Radhus brukar ha

två _____ 10 _____ , så det går inte. Jag har ju

redan svårt att gå i trappor och det lär inte bli bättre. Jag vill bo i ett hus med _____11_____.

ÅKE: Mmm.

KERSTIN: Det finns _____12_____ med stora, fina _____13_____. Där kan man ju ha lite blommor. Då slipper du ju gräsklippningen också.

ÅKE: Jovisst.

KERSTIN: Och så blir det inte så mycket att _____14_____, för vi behöver ju inte ha så många _____15_____, tre kanske?

ÅKE: Nja, _____16_____ får vi nog ha. Barnen och _____17_____ måste ju kunna bo över då de hälsar på oss.

KERSTIN: Ja, det har du rätt i. Vi måste ju ha _____18_____ för dem. Undrar vad de säger om att vi tänker sälja _____19_____.

8 Hur bor du?

Jag _____

Vi frågar

9 **a** Titta i tabellen. Skriv svar.

Hushåll utan barn (2011)			
Ålder (År)	Ensamboende kvinnor	Ensamboende män	Sammanboende utan barn
18–24	132 000	120 000	30 000
25–34	161 000	250 000	88 000
35–49	131 000	245 000	76 000
50–64	225 000	266 000	347 000
65–74	190 000	118 000	282 000
75–	299 000	109 000	185 000

Källa: SCB, 2011

1 Hur många kvinnor i åldern 18–24 bodde ensamma år 2011? _____

2 Hur många män i åldern 18–24 bodde ensamma? _____

3 Hur många i åldern 18–24 var sammanboende utan barn? _____

4 Titta under rubriken Ensamboende kvinnor.
 I vilken åldersgrupp är ensamboende kvinnor flest? _____

5 Titta under rubriken Ensamboende män.
 I vilken åldersgrupp är ensamboende män flest? _____

6 Är det flest män eller flest kvinnor i åldern 35–49 som bor ensamma?

 _____

b Diskutera.

År 2011 bodde 299 000 kvinnor över 75 år ensamma. Varför, tror du?

10 Para ihop till hela meningar. Dra streck.

1 Han har en ny cykel
2 Han har en pojke på ett år
3 Jag har en storebror
4 De ska flytta till ett hus
5 Jag har en trasig teve
6 Jag har ett foto av henne

a som antagligen är värd flera tusen kronor.
b som alltid ligger i plånboken.
c som redan kan gå.
d som jämt bråkar med mig.
e som verkligen ser fint ut.
f som nog inte går att laga.

11 Skriv klart meningarna. Använd orden till vänster.

sällan som går ut

1 Här bor en gammal man _____

bor hemma fortfarande som

2 Jag känner en fyrtioåring _____
_____

snart som flytta ska

3 Hon har en granne _____
_____

komma gärna som vill

4 Jag har bjudit en kompis _____
_____

alltid smutsiga som är

5 Han har trasiga kläder _____
_____

är som sjuk antagligen

6 De har en hund _____
_____

Bo på landet eller i stan?

12 Välj rätt ord.

fortfarande
kvar absolut

1 Förr hade de en hund,
men nu har de inte den _____.

fortfarande
längre egen

2 Hon är 30 år och bor _____
hemma.

längre absolut
gärna

3 Det finns ingen skola i byn _____.

kvar gärna
möjlighet

4 Vi har ingen _____ att köpa
hus nu.

kvar tyvärr
längre

5 Han är ledsen, men han kan _____
inte komma.

absolut möjlighet
egen

6 Jag vill ha en _____ lägenhet.

13 Para ihop fråga och svar. Dra streck.

1 Varför säger du ingenting?   a Jag vill inte ha någon.

2 Varför köper du ingen ny bil?   b Jag ville inte säga någonting.

3 Varför köpte du inga äpplen?   c Jag vill inte ha något.

4 Varför har du ingen mobil?   d Jag vill inte säga någonting.

5 Varför har du inget bälte?   e Jag vill inte köpa någon.

6 Varför sa du ingenting?   f Jag ville inte köpa några.

14 Para ihop till hela meningar.

1 Vi måste köpa några äpplen
2 Du kan låna min penna
3 Får jag sitta bredvid dig
4 Hon kan inte betala hyran
5 Jag sitter tyst och lyssnar
6 Han har inga kusiner
7 Jag har inga pengar
8 Vi vet inte var ditt hus ligger

a om du inte har någon med dig.
b eftersom hon inte har några pengar.
c eftersom jag inte har fått min lön än.
d eftersom vi inte har några kvar hemma.
e eftersom vi inte har fått din adress.
f eftersom hans föräldrar inte har några syskon.
g eftersom jag inte känner någon annan här?
h eftersom jag inte har någonting att säga.

15 Skriv klart meningarna. Använd orden till vänster.

| när inte några han pengar har kvar |
1 Han lånar av mig _____

| säger någonting eftersom han inte |
2 Jag vet inte vad han vill _____

| du inte någon om present köper |
3 Jag blir ledsen _____

| de inte skulder vill ha några eftersom |
4 De köper inget hus _____

| något kaffe hon inte har hemma eftersom |
5 Hon kan inte bjuda på kaffe _____

Sveriges kommuner

16 Titta på kartan på sidan 167 i läroboken. Fyll i rätt ord. Välj i rutan.

> norra   södra   östra   västra

1 Kiruna ligger i _____ Sverige.

2 Sundbyberg ligger i _____ Sverige.

3 Malmö ligger i _____ Sverige.

4 Göteborg ligger i _____ Sverige.

5 Bjurholm ligger i _____ Sverige.

6 Stockholm ligger i _____ Sverige.

7 Umeå ligger i _____ Sverige.

17 Rätt eller fel? Titta i diagrammen på sidan 168 i läroboken. Sätt kryss.

	Rätt	Fel
1 Kiruna är störst till ytan.	☐	☐
2 Bjurholm är mindre till ytan än Sundbyberg.	☐	☐
3 Malmö är större till ytan än Stockholm.	☐	☐
4 Umeå än minst till ytan.	☐	☐
5 Kiruna har fler invånare än Umeå.	☐	☐
6 Stockholm har flest invånare.	☐	☐

I stan och på landet

18 Titta på bilderna på sidan 170 och 171 i läroboken.
Var trivs du bäst? Varför? Skriv.

Efter kapitel 17

a Vad kan du? Sätt kryss.

Jag kan
- ☐ läsa och förstå en bostadsannons
- ☐ förstå när någon berättar om sin bostad
- ☐ samtala om boende
- ☐ förklara hur jag bor och hur jag vill bo
- ☐ förstå ett enkelt diagram

Jag vet
- ☐ hur Sveriges kommuner fungerar

b Hur ofta talar du svenska när du inte är i skolan?
- ☐ varje dag
- ☐ varannan dag
- ☐ en gång i veckan
- ☐ en gång i månaden
- ☐ aldrig

Vad ska Ellen jobba med?

arbetskamrater   arbetstider
arbetsuppgifter   egenskaper
kvalifikationer

1 a Vilka ord förklaras? Välj ord i rutan.

1 Hurdan en person är. _____

2 Vad man kan och är bra på. _____

3 När man jobbar. _____

4 Det man gör på jobbet. _____

5 Personer man arbetar med. _____

b Skriv egna förklaringar till orden i rutan.

receptionist   personal   utbildning   lön   tålamod

_____

_____

_____

_____

2 Hurdan är du? Vilka egenskaper har du?

Jag _____

_____

_____

_____

3 Gör om direkta frågor till indirekta frågor.

▶ Är Stockholm Sveriges huvudstad?

Jag undrar _om Stockholm är Sveriges huvudstad._

1 Måste alla barn gå i förskolan?

Jag undrar _____

2 Vill alla barn gå i skolan?

Jag undrar _____

3 Ligger Malmö i södra Sverige?

Jag undrar _____

4 Är Sverige större än Norge?

Jag undrar _____

5 Är Stockholm en gammal stad?

Jag undrar _____

6 Bor Sveriges kung i Stockholm?

Jag undrar _____

7 Heter Norges huvudstad Oslo?

Jag undrar _____

8 Har Stockholm alltid varit Sveriges huvudstad?

Jag undrar _____

9 Har Sverige bara 9 miljoner invånare?

Jag undrar _____

4 Gör om direkta frågor till indirekta frågor.

▶ Varför måste alla barn gå i skolan?

Jag undrar *varför alla barn måste gå i skolan.*

1 Hur gammal är Sveriges kung?

Jag undrar _____

2 Hur uttalar man Göteborg?

Jag undrar _____

3 Vart går den här bussen?

Jag undrar _____

4 När går nästa tåg?

Jag undrar _____

5 Hur mycket kostar den här bilen?

Jag undrar _____

6 Hur många invånare har Stockholm egentligen?

Jag undrar _____

_____

7 Varför kommer han aldrig hit?

Jag undrar _____

8 Varför vill de inte flytta?

Jag undrar _____

5 Gör om direkta frågor till meningar med indirekta frågor.

Läraren ställer många frågor till en ny elev.
Vad vill hon veta?

▶ Vad heter du?

Hon vill veta vad han heter.

1 Hur stavar du det?

Hon vill veta _____

2 Bor du här i stan?

_____

3 Vilken gata bor du på?

_____

4 När är du född?

_____

5 Kan du tala engelska?

_____

6 Varför vill du lära dig svenska?

_____

_____

Vad är viktigt?

6 Vad talar de om? Välj i rutan.

> lön   arbetsuppgifter   arbetstider   anställningstrygghet
> utvecklingsmöjligheter   medbestämmande   samarbete

1. Jag kan få lära mig nya saker på jobbet och om jag vill får jag andra arbetsuppgifter. _____

2. Jag arbetar bra tillsammans med de andra på jobbet. _____

3. Jag får vara med och bestämma vad jag ska göra på jobbet. _____

4. Det jag gör på jobbet intresserar mig. _____

5. Jag tycker det är viktigt att ha ett fast jobb. _____

6. Jag tjänar bra. _____

7. Jag börjar och slutar arbetet på tider som passar mig. _____

Vi frågar

7 Var tycker du är viktigt i ett arbete? Varför tycker du det?

Jag _____

Jobbannonser

8 Vilken eller vilka annonser är det? Skriv rätt bokstäver efter meningarna.

1 Man måste kunna engelska. _____

2 Man talar mycket i telefon. _____

3 Man måste provjobba i 6 månader. _____

4 Man jobbar i en affär. _____

5 Man jobbar på hotell. _____

6 Man kan börja jobbet direkt. _____

Bokningssekreterare, resebyrå

Vi söker en resesäljare som kan ta emot samtal från våra kunder när de vill boka en resa. Du ska ha lätt att tala i telefon. Erfarenhet av säljarbete är en merit. Provanställning 6 mån. Tillträde omgående. Heltid. Fast lön.

Tala med Lotta Sundell, 0111–12345.

Skicka ansökan till: resan@minmejl.se

Kontorist

Vi söker en kontorist som ska arbeta med kundkontakter genom telefon och mejl, samt administration. Vi söker dig som har erfarenhet av service och även har datorvana. Tillsvidareanställning. Heltid.

Välkommen med din ansökan till servicebolaget@storköping.se

RECEPTIONIST (C)

Vi söker en person till receptionen. Du ska vara serviceinriktad, flexibel och lyhörd för våra gästers önskemål. Goda kunskaper i engelska är ett krav.

Heltid. Provanställning 6 mån. Tillträde snarast.

Tala med Göran Persson, tel 0111-77884

Välkommen med din ansökan till: hotellet@minmejl.se

Butiksäljare (D)

Har du erfarenhet av försäljning och är intresserad av modekläder så är det här ett jobb för dig. Du ska ha god social kompetens och vara serviceinriktad. Tills vidare. Heltid. Fast lön.

Ansökan skickas till: boutiquemode@minmejl.se

9 a På Arbetsförmedlingen är lediga jobb ordnade under rubriker.
Under vilken rubrik passar de här jobben? Skriv dem på rätt ställe.

> barnmorska   civilekonom   ekonomiassistent   fotograf
> fritidspedagog   förskollärare   golvläggare   grundskollärare
> IT-samordnare   journalist   kassörska   lastbilschaufför   lokförare
> murare   nätverkstekniker   pilot   programmerare   psykolog
> receptionist   resesäljare   sekreterare   sjukgymnast   snickare
> taxichaufför   tolk   undersköterska

TEKNIK OCH DATA

PEDAGOGISKT ARBETE

EKONOMI OCH ADMINISTRATION

BYGG- OCH ANLÄGGNINGSARBETE

HÄLSO- OCH SJUKVÅRD	KULTUR, MEDIA

KUNDSERVICE OCH FÖRSÄLJNING	TRANSPORT

b Kan du fler yrken som passar under rubrikerna? Skriv dem.

Ellen ringer om ett jobb

10 Skriv verben. Välj i rutan.

> kunna   kräva   säga upp   anställa
>   informera   söka   vikariera

	SUBSTANTIV	VERB
1	ett vikariat	_____
2	en anställning	_____
3	(en) information	_____
4	ett krav	_____
5	en uppsägning	_____
6	en kunskap	_____
7	en ansökan	_____

11 Para ihop adjektiv och substantiv. Dra streck.

1	erfaren	en erfarenhet
2	intressant	en möjlighet
3	stressig	(en) ekonomi
4	ekonomisk	(en) stress
5	möjlig	ett intresse

12 Öva i par. Välj en av annonserna på sidan 111 i övningsboken. En av er ringer på annonsen och den andra är kontaktpersonen som informerar om jobbet.

13 **I går frågade Ellen Katarina om hennes jobb. Skriv meningarna i dåtid.**

▶ Ellen frågar om hon har någon särskild utbildning.

Ellen frågade *om hon hade någon särskild utbildning.*

1. Ellen undrar om hon trivs med jobbet.

   Ellen undrade _____

   _____

2. Ellen frågar vilka arbetstider hon har.

   Ellen frågade _____

3. Ellen undrar om hon jobbar på helgerna.

   Ellen _____

   _____

4. Ellen vill veta om jobbet är stressigt.

   Ellen _____

5. Ellen undrar om hon kan många språk.

   _____

6. Ellen frågar hur mycket hon tjänar.

   _____

7. Ellen vill veta hur länge hon har arbetat som receptionist.

   _____

   _____

14 Skriv de indirekta frågorna. Använd orden till vänster.

> Ellen veta ville egentligen

1 Katarina undrade vad _____

_____

> man arbetade ensam alltid

2 Ellen undrade om _____

_____

> man tjänade egentligen

3 Hon ville veta vad _____

_____

> kunna måste verkligen man många språk

4 Hon frågade om _____

_____

15 Lyssna på hörövningen (E) på sidan 185 i läroboken. 🎧
Fyll i det som fattas.

ANDERS: Restaurang Asta, Anders Johansson.

PATRIK: Hej, jag heter Patrik Larsson. Jag _____ om
jobbet som servitör.
                                              1

ANDERS: Jaha. Har du _____ på restaurang förut?
                            2

PATRIK: Nej, men jag har _____ praktik under min
utbildning.
                              3

ANDERS: Ja, det var ju bra. Var då?

PATRIK: På Restaurang Olympia här i stan.

ANDERS: Jaha.

PATRIK: Jo, jag undrar, _____ arbetstider har man som
servitör hos er?
                            4

ANDERS: Vi har öppet _____ sjutton och tjugotre på vardagarna, och på helgerna har vi lunchservering _____, från klockan tolv. Servitörerna jobbar _____ ett rullande schema så man jobbar inte alla dagar.

PATRIK: Vad är det för _____?

ANDERS: Det är lön enligt avtal.

PATRIK: Jaha. Jag ser i annonsen att ni vill ha _____ snarast.

ANDERS: Ja, vi vill _____ ha det klart med anställningen inom två veckor.

PATRIK: Inga problem. Jag kan _____ direkt.

ANDERS: Bra. Skicka in din ansökan så fort som _____ då.

PATRIK: Ja, det ska jag göra. Tack så _____ då. Hej då.

ANDERS: Hej, hej.

Vi frågar

16 Hur fick du ditt första jobb?
Om du inte har haft något jobb, berätta om en annan person, eller använd din fantasi.

Ett personligt brev

17 a Läs brevet.

(1) Amir Husseini
Bergsvägen 43
583 59 Linköping
071-9126432
amir.husseini@minmejl.se

(2) Linköping den 6 juni 2013

Angående anställning som byggnadsingenjör

Mitt namn är Amir Husseini och jag är mycket intresserad av tjänsten som byggnadsingenjör.

(3) Jag tror att jag är den person ni söker eftersom jag har stor erfarenhet av branschen från mitt hemland Iran.

(4) I Iran studerade jag till ingenjör och fick direkt efter studierna anställning på ett företag i Teheran där jag arbetade i sju år. När jag kom till Sverige började jag studera svenska för invandrare för att sedan fortsätta kompletteringen av min ingenjörsutbildning och är nu klar med den.

(5) Jag är en öppen person som har lätt att samarbeta med andra. Jag har inga problem med att hantera stressiga situationer och jag gillar utmaningar.

(6) När jag är ledig gillar jag att umgås med vänner och att resa.

Jag bifogar mitt cv och ser fram emot ett besök hos er så att jag kan berätta om mig själv.

Vänliga hälsningar
(7) *Amir Husseini*

b Titta på Amirs brev och skriv rätt nummer framför orden.

___ namnteckning   ___ ort och datum

___ personliga egenskaper   ___ fritidsintressen

___ namn och adress   ___ utbildning

___ arbetslivserfarenhet

18 Skriv ett eget personligt brev.
Välj en av annonserna på sidan 180 i läroboken.

Tänk på att få med det här i ditt brev:

- ditt namn, din adress, ditt telefonnummer och din e-postadress
- företagets namn och adress
- ort och datum
- rubrik
- presentation av dig själv och varför du söker just det här jobbet
- lite om din utbildning och erfarenhet
- lite om dina personliga egenskaper
- lite om ditt privatliv och dina intressen
- avslutning och hälsningsfras

Att skriva cv

19 a Läs Ludvigs cv.

CV

Ludvig Andersson
Storgatan 1, 678 90 Storköping
Tel 0444-12 12 12
e-post: ludvig@email.se

ARBETSLIVSERFARENHET

2012–2014   Lärare på Svenska skolan i Madrid
Mina uppgifter var, förutom undervisning i svenska, planering av aktiviteter för att främja integrationen mellan eleverna på Svenska skolan och spanska elever på andra skolor.

2008–2012   Kursledare på studieförbundet ABC
Jag var kursledare i flera kurser i spanska och franska på olika nivåer.

2006–2008   Lärarvikarie på Solbergaskolan, Storköping
Vikariatet var heltid på gymnasieskolan i ämnena svenska, franska och spanska. Jag ansvarade också för mottagandet av utbytesstudenter.

2000–2006   Vikarie på Solgårdens sjukhem
Jag arbetade som vårdbiträde under helger och kvällar.

UTBILDNING
2002–2006   Gymnasielärarutbildningen på Storköpings universitet, språkvetenskaplig inriktning
2001   Språkkurs i Frankrike. 2 månader.
1997–2000   3-årig naturvetenskaplig gymnasieutbildning

SPRÅKKUNSKAPER
Svenska   Modersmål
Engelska, franska och spanska   Goda kunskaper i tal och skrift

REFERENSER
Lämnas på begäran.

b Svara på frågorna.

1 Hur många jobb har Ludvig Andersson haft? _____

2 Vilka språk talar Ludvig? _____
_____

3 När slutade han gymnasieskolan? _____

4 Vad gjorde han i Spanien? _____
_____

5 När studerade han i Frankrike? _____

6 Var jobbade han 2007? _____

7 Var bor han? _____

8 Var jobbade Ludvig samtidigt som han studerade på universitetet?
_____

9 Vad gjorde han på Solbergaskolan? _____
_____

10 Vad läste han på universitetet? _____
_____

Att söka jobb

20 Sätt kryss för rätt svar. Flera svar kan vara rätt.

1 Hur kan man söka jobb?
- [ ] läsa annonser
- [ ] söka via arbetsförmedlingen
- [ ] ringa till företag och fråga
- [ ] vänta på att någon ska ringa och fråga dig

2 Vad skriver man i ett cv?
- [ ] vad man vill ha för jobb
- [ ] vad man har för utbildning
- [ ] vad man har haft för jobb

3 Vad är en referens?
- [ ] en person som arbetsgivaren kan ringa
- [ ] en person som kan berätta vem du är
- [ ] en person som du kan fråga om arbete
- [ ] en person som kan ge dig arbete

21 Titta på bilderna på sidan 170 och 171 i läroboken och läs meningarna här. Vilken bild passar ihop med meningen? Skriv bildens nummer i rutan vid texten.

☐ I mataffärer finns anslagstavlor där man kan annonsera om jobb.

☐ De sitter och väntar på sin tur på Arbetsförmedlingen.

☐ De försöker hitta jobb via internet.

☐ Han talar med en arbetsförmedlare.

Efter kapitel 18

a **Vad kan du? Sätt kryss.**

Jag kan
- [ ] läsa och förstå en platsannons
- [ ] ringa och fråga om ett jobb
- [ ] skriva en ansökan om ett jobb
- [ ] förstå ett cv
- [ ] beskriva mina egenskaper
- [ ] förklara vad jag tycker är viktigt i ett arbete
- [ ] samtala om olika sätt att söka jobb

b **Vad vad svårt i kapitel 18?**

Svårt i läroboken: _____

Svårt i övningsboken: _____

c **Vad gör du om en person inte förstår vad du säger?**
- [ ] säger det en gång till
- [ ] säger att det inte var något viktigt
- [ ] går därifrån

d **Vad behöver du öva mer på?**

_____

_____

Linda och Hassan ska flytta

1 a Läs texten.

Hassan, Linda och Viktor ska flytta från Granvägen 4, 567 10 Småstad. De har fått tag på en lägenhet på Skogsvägen 34 i samma stad. Deras nya postnummer är 566 22. Den nya lägenheten ligger på bottenvåningen och de har en fin uteplats. Lägenheten på Granvägen ligger på sjunde våningen, och de är verkligen glada över att komma ner på markplan. De hyr av ett fastighetsbolag som heter Hyresfastigheter. Bolaget har sitt kontor på Storgatan 43 i Småstad.

Hassan heter Scali i efternamn och Linda och Viktor heter Nilsson. I midsommar ska Linda och Hassan gifta sig. De diskuterar hur de ska göra med efternamnen då. En del byter efternamn när de gifter sig. Vanligast är att kvinnan tar mannens efternamn, men man kan också göra tvärtom. Eller behålla sitt eget efternamn. Eller hitta på ett helt nytt. Linda och Hassan har inte bestämt hur de ska göra än.

Flytten blir den första april. De ser verkligen fram emot att få lite större.

Det kommer nästan att bli som en födelsedagspresent till Linda, för hon fyller 26 år den 5 april. En månad senare, den 7 maj, fyller Viktor 1 år. Och i höst, den 18 augusti, fyller Hassan 30! Vad skönt att de har en större lägenhet då, för de tänker ha fest för alla sina vänner. Om det blir fint väder kan de ha festen utomhus.

b Fyll i blanketten med hjälp av texten i a.

När man flyttar måste man göra en flyttanmälan. Man kan göra anmälan på internet eller på telefon.

Personer som flyttar (även barn)

Namn	Personnummer
	-XXXX
	-XXXX
	-XXXX

Bostadsadress före flyttning

Gatuadress	
Postnr	Postort

Bostadsadress efter flyttning

Gatuadress	
Postnr	Postort

Telefon efter flyttning

Hyresvärd/fastighetsägare (namn och postadress) efter flyttning

Inflyttningsdatum

2 Titta på bilderna. Fyll i ord som passar i meningarna.

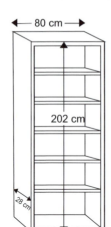
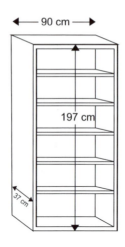
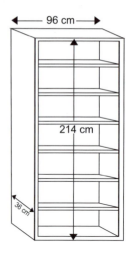

Bokhyllan Granen
Bredd: 80 cm
Djup: 28 cm
Höjd: 202 cm
Pris: 1 395 kr

Bokhyllan Tallen
Bredd: 90 cm
Djup: 37 cm
Höjd: 197 cm
Pris: 995 kr

Bokhyllan Björken
Bredd: 96 cm
Djup: 36 cm
Höjd: 214 cm
Pris: 2 495 kr

1 Bokhyllan Björken 96 cm bred. Den är _____ än både Tallen och Granen.

2 Av de tre bokhyllorna är Björken _____. Den är 214 cm hög.

3 Björken är 36 cm djup. Den är _____ än Granen.

4 Granen kostar 1395 kr. Den är _____ än Tallen.

5 Av de tre bokhyllorna är Björken _____. Den är 96 cm bred.

6 Björken kostar 2495 kr. Den är _____.

3 Titta på bilden. Jämför personerna med hjälp av adjektiven i rutan.

Familjen Johansson

Peter   Hanna   Martin   Anna

| lång | kort | ung | gammal |
| glad | ljus | snygg | smal |

▸ *Martin är kortare än Peter.* _____

4 Välj ut fyra elever i klassen. Skriv en text där du jämför eleverna med varandra. Använd orden i rutan.

| lång | kort | ung |
| gammal | ljus | mörk |

5 **Fyll i substantiven. Du hittar orden på sidan 195 i läroboken.**

▶ De kostar lika mycket. De har samma ____pris_____ .

1 De är lika breda. De har samma _____ .

2 De är lika höga. De har samma _____ .

3 De är lika långa. De har samma _____ .

6 **Skriv adjektiven. Välj i rutan.**

> ansvarig   glad   stark   stor   lång   varm
> bred   kall   hög   vänlig   hjälpsam   orolig

SUBSTANTIV   ADJEKTIV

1 (en) kyla   _____

2 (en) längd   _____

3 (en) hjälpsamhet _____

4 (en) glädje   _____

5 (en) oro   _____

6 (en) storlek   _____

7 (en) styrka   _____

8 (en) vänlighet   _____

9 (en) höjd   _____

10 (en) värme   _____

11 (en) bredd   _____

12 (en) ansvar   _____

Att hyra lägenhet

7 Skriv svar.

1 Vad har hyresvärden ansvar för?

_____

_____

2 Vad ansvarar hyresgästen för?

_____

3 Vad betyder uppsägningstid?

_____

4 Vad menas med besiktning?

_____

5 Vem ansvarar för städning av lägenheten när man flyttar ut?

_____

**8 Fyll i ord i meningarna. Välj i rutan.
Samma ord kan användas flera gånger.**

| hur   när   vad   var |

1 Får man sätta upp lappar _____ som helst i huset?

2 Kan man skriva om _____ som helst?

3 Får man tvätta i tvättstugan _____ som helst?

4 Får man ha _____ många husdjur som helst?

5 Får man kasta _____ som helst i toaletten?

6 Får man spela musik _____ högt som helst?

7 Får man duscha _____ som helst?

Är du ny här?

9 Lyssna på hörövningen (D) på sidan 203 i läroboken. 🎧
Fyll i det som fattas.

Nina och Teo möts i tvättstugan.

NINA: Hej, vi kanske ska _____. Nina heter jag.
                                    1

TEO: Hej. Teo.

NINA: Är du _____ här?
                  2

TEO: Ja, jag flyttade in för två _____ sedan.
                                          3

NINA: Jaha. I det här huset?

TEO: Nej, i huset _____, 6B.
                          4

På _____ våningen.
        5

NINA: Jaha. Är det en _____, eller?
                              6

TEO: Nej, en etta.

NINA: Jaha. Ja, själv bor jag här i 6A, _____ upp.
                                                  7

TEO: Har du _____ här länge?
                      8

NINA: I ett _____ ungefär.
                    9

TEO: Tycker du det är bra?

NINA: Ja, det är _____.
                          10

TEO: Du, skulle du kunna _____ mig hur de här
                                    11
tvättmaskinerna fungerar?

NINA: Javisst. Här har du programväljaren och här...

10 a Para ihop replikerna till dialoger. Dra streck.

1 Är du ny här?

2 Bor du här i huset? Jag har inte sett dig förut.

3 Är det du som ska tvätta i dag?

4 Min teve fungerar inte. Gör din?

5 Har du inte heller fått någon tidning i dag?

6 Skulle du kunna vattna mina blommor nästa vecka? Jag ska på semester.

7 Har du hört att de ska höja hyran nu igen?

8 Skulle du kunna sänka musiken? Min lilla dotter ska sova.

9 Vet du vart man ringer om det är något fel i lägenheten?

a Javisst. Har du en extra nyckel så fixar jag det.

b Ja, men någon har tagit min tvättid.

c Ja, till fastighetsskötaren. Vänta så ska jag ge dig numret.

d Ja, jag hörde det. En höjning på 5 kronor per kvadratmeter.

e Ja, jag bor högst upp i 6B.

f Nej, det är nog något centralt fel. Jag ska ringa och kolla.

g Ja, jag har bara bott här en vecka.

h Jo, den kom som vanligt vid femtiden.

i Oh, förlåt, jag visste inte att det var så lyhört.

b Öva i par. Läs dialogerna i a.

Meddelanden

11 Läs meddelandena på sidan 204 i läroboken. Sätt kryss för rätt svar.

1 Varför skriver Pia ett meddelande?

☐ Hon vill inte bli störd på lördag kväll.

☐ Hon vill meddela att hon kanske kommer att störa sina grannar på lördag.

☐ Hon vill inte ringa på och störa grannarna.

2 Varför är Fadumo arg?

☐ Tvättmaskinen fungerar inte.

☐ Tvättstugan är upptagen på den tid som hon har bokat.

☐ Någon har tagit hennes tvätt.

3 Vad skriver hyresvärden?

☐ Att alla som har en cykel i förrådet måste skriva sitt namn på en lapp och sätta på cykeln.

☐ Att alla måste ta bort sina cyklar från förrådet så fort som möjligt.

☐ Att alla cyklar tas bort från förrådet efter den 1 april.

4 Vad är det som är viktigt?

☐ Att man kastar soporna.

☐ Att man har en soptunna.

☐ Att man sorterar soporna rätt.

12 Skriv ett eget meddelande.
Här är några saker du kan välja att skriva om:

- Du har tappat ett smycke. Skriv en lapp som kan sättas upp i entrén.

- Du har hittat en klocka i tvättstugan. Skriv en lapp som kan sättas upp på dörren.

- Dina grannar röker och kastar cigarettfimpar utanför entrén. Skriv en lapp som kan sättas upp på dörren.

En frågespalt i tidningen

13 a Läs breven till frågespalten.

Kan du ge mig ett råd? Jag är 40 år och längtar efter en man, men jag vet inte hur jag ska finna honom. Jag har varit ute på dansställen och på pubar men jag går alltid hem ensam därifrån. Jag har bekanta som är ute på nätet och letar, men jag vet inte om jag vågar det. Har du något råd att ge mig?
Ensam

Jag är frånskild och har två barn. Nu har jag träffat en ny kvinna som jag vill flytta ihop med. Problemet är bara att mina två barn inte tycker om henne. När hon ska komma hit en helg, säger barnen att de hellre vill vara hos sin mamma. Hur ska jag göra? Jag älskar mina barn, men jag älskar också den kvinna som jag har träffat.
Problem

För två år sedan träffade jag en underbar kvinna och vi blev mycket förälskade. Det är vi fortfarande. Nu har jag börjat tala om att skaffa barn, men hon säger att hon inte vill ha barn. Inte nu och inte senare. Men det vill jag. Vad ska jag göra? Jag älskar henne, men jag har alltid drömt om en familj med många barn.
Ledsen

b Skriv svar på ett av breven i a.

Ska Linda göra allt?

14 Para ihop. Dra streck.

1 Vill du gå ut?   a Ja, det ska jag.

2 Vill du inte gå ut?   b Ja, det gör jag.

3 Tycker du om kaffe?   c Ja, det var jag.

4 Tycker du inte om kaffe?   d Ja, det vill jag.

5 Ska du åka nu?   e Jo, det ska jag.

6 Ska du inte åka nu?   f Jo, det gör jag.

7 Var du hemma i går?   g Jo, det vill jag.

8 Var du inte hemma i går?   h Jo, det var jag.

15 Svara **ja**, **jo** eller **nej**.

1 Dricker du kaffe? _____, det gör jag.

2 Äter du inte kött? _____, det gör jag inte.

3 Har du inga barn? _____, det har jag.

4 Är du från Sverige? _____, det är jag inte.

5 Har du aldrig varit i Spanien? _____, det har jag.

6 Läser du svenska tidningar? _____, det gör jag inte.

7 Förstod du svenska innan du kom hit? _____, det gjorde jag inte.

8 Tycker du inte om öl? _____, det gör jag.

9 Har du bott här länge? _____, det har jag.

10 Är du född här? _____, det är jag inte.

Insändare

16 a Läs insändarna.

> **Män, ta er i kragen och våga vara män!**
>
> Ofta när jag går till affären ser jag män med barnvagnar. Ni fyller kundvagnen med blöjor och barnmat. Och detta vid sextiden på kvällen – efter jobbet. Sedan går ni hem och lagar mat, tvättar och städar innan ni hinner lägga barnen. Vad gör era kvinnor? Var finns de? Står de i bilhallen och tvättar bilen eller lagar de din cykel? Inte då. De är ute med sina väninnor för att få en ledig stund efter jobbet. Nej, ni män, slå näven i bordet och ryt till. Kvinnorna passar bäst till att sköta hem och familj. Var och en ska göra det han eller hon är född till att göra.
> *En man som vågar vara man*

> **Pappor! Stanna hemma!**
>
> Jag läste i en rapport att det är flest kvinnor som tar ut föräldraledighet och stannar hemma med sina små barn. Varför är det inte fler män som utnyttjar sin rätt att få vara hemma med barnen? Själv har jag tre barn och jag var hemma med varje barn i flera månader när de var små och jag har inte ångrat det. För mig är det en självklarhet att stanna hemma och ta hand om de barn som jag har satt till världen. Det är en förmån att få se dem växa upp och att få umgås med dem. Så till alla pappor: Missa inte chansen! Ta ut föräldraledigheten som ni har rätt till!
> *Trebarnspappa*

b Vad tycker du om åsikterna i insändarna?
Skriv en egen insändare som svar på en av dem.

17 Läs skyltarna på sidan 215 i läroboken.
Ändra texterna på skyltarna till aktiv form.

1 Man ska   *tvätta (den) separat.*

2 Man måste _____

3 Man ska _____

4 Man ska _____

5 Man måste _____

6 Man ska _____

7 _____

8 _____

9 _____

10 _____

11 _____

12 _____

13 _____

Hushållsarbete

18 Vad ser du på bilderna på sidan 216 och 217 i läroboken?
Skriv bildens nummer i rutan framför orden.

☐ stekpanna   ☐ gräsklippare   ☐ strykbräda

☐ dammsugare   ☐ strykjärn   ☐ tvättlina

☐ tvättbalja   ☐ fönsterskrapa

Efter kapitel 19

a Vad kan du? Sätt kryss.

Jag kan
- [ ] beskriva ett föremål
- [ ] beskriva en person
- [ ] fylla i en flyttanmälan
- [ ] förstå reglerna för en hyreslägenhet
- [ ] börja ett samtal med mina grannar
- [ ] förstå ett kort skriftligt meddelande
- [ ] skriva ett kort meddelande
- [ ] förstå ett enkelt telefonmeddelande
- [ ] läsa och förstå en frågespalt i en tidning
- [ ] förstå ett enkelt diagram
- [ ] samtala om hushållsarbete
- [ ] läsa och förstå en insändare i en tidning
- [ ] förstå några skyltar

b Hur har du arbetat?
- [ ] ensam
- [ ] i par
- [ ] i grupp

c Hur lär du dig bäst?
- [ ] ensam
- [ ] i par
- [ ] i grupp

20

Emils påsklov

1 Läs texten på sidan 218 i läroboken. Skriv svar.

1 Hur många syskon har Emil? _____

2 Hur ska Emil ta sig till Åre? _____

3 Hur många ska bo i stugan i Åre? _____

4 Varför tror du Alexander inte vågar prova snowboard? _____
_____

2 Fyll i ord i meningarna. Välj i rutan.

| allihop | förut | ganska | hellre |
| ofta | ungefär | vidare | vågar |

1 Jag har inte tid att stanna och prata med dig.

Jag måste gå _____ nu.

2 De har _____ fem kilometer till skolan.

3 Nu talar han svenska _____ bra, men han kan bli ännu bättre på det.

4 Vi träffas inte så _____, bara någon gång i månaden.

5 Hela familjen bor i Stockholm, men nu ska _____ flytta till Göteborg.

6 Det är första gången jag står på ett par skidor.

Jag har aldrig åkt skidor _____.

7 Jag är jätterädd! Jag _____ inte.

8 Hon gillar inte vinter och snö. Hon vill _____ åka på semester till ett land där det är riktigt varmt.

3 Titta i tabellen och svara på frågorna.

Avgående	Ankommande	Restid	Information	Pris
Linköping	Göteborg			
10.00	13.57	3.57	2 byten	818 SEK
12.05	15.17	3.12	1 byte	1005 SEK
14.00	17.17	3.17	2 byten	1183 SEK
Göteborg	Linköping			
12.42	15.54	3.12	1 byte	1005 SEK
14.02	17.58	3.56	2 byten	818 SEK
14.42	19.55	5.13	1 byte	1244 SEK

1 Vad kostar en biljett om du åker från Linköping till Göteborg klockan tio? _____

2 Hur lång tid tar resan från Linköping till Göteborg om du åker från Linköping klockan två? _____

3 Vilken tid ska du åka från Linköping om du vill åka till Göteborg så snabbt som möjligt? _____

4 Du vill åka så billigt som möjligt från Göteborg till Linköping. Vilken tid ska du då åka? _____

5 Hur lång tid tar det att resa från Göteborg till Linköping om du startar i Göteborg klockan 14.42? _____

6 När är det dyrast att åka från Linköping? _____

7 Du ska vara framme i Göteborg senast klockan fem. Vilken tid måste du senast åka från Linköping? _____

Sveriges geografi

4 Skriv namn på platserna på kartan. Alla platser finns i rutan.

> Gotland   Göteborg   Kebnekaise   Kiruna   Malmö   Mälaren
> Stockholm   Umeå   Vänern   Vättern   Öland   Östersund

1 _____

2 _____

3 _____

4 _____

5 _____

6 _____

7 _____

8 _____

9 _____

10 _____

11 _____

12 _____

5 Titta i tabellen på sidan 222 i läroboken. Skriv svar.

1 Vilken är Sveriges fjärde största stad? _____

2 Hur många invånare har Göteborg? _____

3 Vilken stad är störst? _____

4 Hur många städer är större än Linköping? _____

5 Vad heter Sveriges näst största stad? _____

6 a Titta på kartan på insidan av lärobokens omslag. Skriv ja eller nej.

1 Ligger Stockholm norr om Kiruna? _____

2 Ligger Uppsala i västra Sverige? _____

3 Ligger Malmö i södra Sverige? _____

4 Ligger Gotland väster om Stockholm? _____

5 Ligger Kebnekaise i norra Sverige? _____

6 Ligger Vänern söder om Karlstad? _____

7 Ligger Malmö norr om Göteborg? _____

8 Ligger Stockholm i östra Sverige? _____

9 Ligger Luleå söder om Umeå? _____

10 Ligger Mälaren väster om Stockholm? _____

b Öva i par. Gör egna frågor om kartan.
Turas om att fråga och svara.

Så styrs Sverige

7 Vilka ord beskrivs? Välj ord i rutan.

> minister   monarki   Norden   partier   president   republiker
> svensk medborgare   riksdagsledamöter   statsminister
> styra   Sveriges kung   Sveriges parlament   val

1. Statschef i en republik. _____
2. Carl XVI Gustaf. _____
3. Ett land som har en kung eller drottning som statschef. _____
4. Riksdagen. _____
5. Han eller hon sitter i regeringen. _____
6. Chefen för regeringen. _____
7. Finland och Island är det. _____
8. Att leda ett land. _____
9. De största är Socialdemokraterna och Moderaterna. _____
10. När man röstar om vilka som ska styra Sverige. _____
11. Sverige och fyra andra länder i norra Europa. _____
12. En person som har ett svenskt pass. _____
13. Det finns 349 i riksdagen. _____

Vilken buss ska vi ta?

8 **Vad skriver de? Skriv rätt nummer framför varje mening.**

___ De kommer på festen.   ___ De kommer inte.

___ De kommer, men lite senare.   ___ De vet inte om de kan komma.

1
Hej kusin!
Tack för inbjudan till din studentfest! Tyvärr är vi upptagna fram till klockan sex ungefär eftersom vi ska till en annan student klockan fyra. Kan vi få komma förbi en liten stund i alla fall?
Kram Camilla och Henrik

2
Grattis Emil!
Det måste kännas superskönt nu när skolan äntligen är slut! Tack för inbjudan. Självklart ses vi då!
Hälsningar
David, Lisa och Teo

3
Tack för inbjudan!
Vi är bjudna till en annan student samma dag och samma tid, så vi vet inte hur vi ska göra. Vi vill ju gärna uppvakta er båda, men vi kan inte vara på två ställen samtidigt. Vi ska se om vi kan finna en lösning. Är det okej om vi lämnar svaret öppet ett tag till?
Bassam och Samyan

4
Grattis!
Tack så hemskt mycket för inbjudan till din fest. Vi skulle väldigt gärna vilja komma, men vi har bokat en resa och befinner oss antagligen just då på en strand i Turkiet. Hoppas du får en trevlig dag!
Kramar från familjen Karlsson-Wang

9 Titta i tidtabellen och svara på frågorna.

111 Östertorp – Lilla torget – Hamngatan

Östertorps centrum	Sturegatan	Vädervägen	Vallagatan	Lilla torget	Klostergatan	Storgatan	Hamngatan
19.07	19.17	19.21	19.24	19.29	19.34	19.37	19.45
19.37	19.47	19.51	19.54	19.59	20.04	20.07	20.15
20.07	20.17	20.21	20.24	20.29	20.34	20.37	20.45
Var 30:e minut till							
22.37	22.47	22.51	22.54	22.59	23.04	23.07	23.15

1 Efter festen åkte Tina hem till Jens. Han bor på Storgatan 53.

   Vilket nummer har bussen som hon tog? _____

2 Tina hade bestämt att hon skulle vara hos Jens klockan åtta.

   Vilken tid åkte hon från Östertorps centrum? _____

3 Hur ofta går bussarna från Östertorps centrum till Storgatan?

   _____

4 Hur lång tid tar resan mellan Östertorps centrum

   och Storgatan? _____

5 Kan man åka från Östertorps centrum klockan 22.07? _____

6 När går sista bussen från Klostergatan? _____

7 När är man framme på Hamngatan om man

   åker från Vädergatan klockan 19.51? _____

8 När måste man senast åka från Östertorp

   om man ska vara på Hamngatan 22.00? _____

10 Vilket svar passar bäst till frågan? Dra streck.

1 Hur ofta går bussen?　　　　　　a Varannan helg.

2 Hur ofta byter de bil?　　　　　　b Vart tredje år.

3 Hur ofta duschar du?　　　　　　c Var tjugonde minut.

4 Hur ofta går han på bio?　　　　　d Varje morgon.

5 Hur ofta är du ledig?　　　　　　 e Varannan månad.

11 Skriv svar.

1 Hur ofta ringer du till ditt hemland? _____

_____

2 Hur ofta går bussen hemifrån dig till skolan? _____

_____

3 Hur ofta tittar du på teve? _____

_____

4 Hur ofta handlar du mat? _____

_____

5 Hur ofta betalar du räkningar? _____

_____

6 Hur ofta går du till tandläkaren? _____

_____

7 Hur ofta går du till frisören? _____

_____

Emil tar studenten

12 Läs texten på sidan 232 och 233 i läroboken. Skriv svar.

1 Emil tar studenten. Vad betyder det?

_____

2 Vilka kommer på festen?

_____

3 Vad ska Emil använda pengarna som han tjänar till?

_____

4 Varför vet Emil inte om de ska åka till Australien?

_____

5 Vem tror du Olle ska träffa?

_____

6 Vad är det Linda gillar med den nya lägenheten?

_____

7 Vem är Jens?

_____

_____

8 Linda och Hassan ska gifta sig på midsommarafton.
I vilken månad firar vi midsommar?

_____

Vi frågar

13 Skriv verben. Välj i rutan.

> drömma   förändra   hända   kriga   kunna
> känna   leva   planera   sluta   vinna   önska

SUBSTANTIV	VERB	SUBSTANTIV	VERB
1 en plan	_____	7 en dröm	_____
2 en önskan	_____	8 ett liv	_____
3 en känsla	_____	9 ett krig	_____
4 en kunskap	_____	10 ett slut	_____
5 en händelse	_____	11 en vinst	_____
6 en förändring	_____		

Framtidsdrömmar

14 Titta på bilderna på sidan 238 och 239 i läroboken. Vilken bild passar ihop med texten? Skriv bildens nummer i rutan framför texten.

☐ Jag har alltid drömt om att få åka ut i världen och se mig omkring. Nu har min dröm blivit verklighet.

☐ Jag och min sambo drömmer om ett stort bröllop med många gäster. Men det kostar pengar, så vi väntar nog ett par år.

☐ Min dröm är att bli klar med mina studier och börja arbeta.

☐ Vi vill så gärna ha en större bostad. Helst ett eget hus, men det är ju så dyrt.

Efter kapitel 20

Vad kan du? Sätt kryss.

Jag kan
- [ ] förstå en tidtabell
- [ ] förstå en tågbiljett
- [ ] förstå ett muntligt meddelande på tåget
- [ ] förstå ett inbjudningskort
- [ ] förstå när någon berättar om sina framtidsdrömmar
- [ ] beskriva mina framtidsdrömmar

Jag vet
- [ ] en del om Sveriges geografi
- [ ] hur Sverige styrs

Efter Mål 2

1 Vad var roligast att arbeta med i läroboken?

2 Vad var roligast att arbeta med i övningsboken?

3 Vad var svårast?

4 Vad behöver du öva mer på?

Till läraren

I *Mål 2 Övningsbok* kan eleverna öva vidare på läsförståelse, ordförråd, hörförståelse och grammatik. Det finns också skrivuppgifter och talövningar. Eleverna arbetar enskilt, i par 👥 och i grupp 👥👥. Enskilda övningar kan de med fördel göra hemma.

Övningarna har olika svårighetsgrad för att passa elever med olika behov och förmåga. Det är alltså *inte meningen att alla elever ska göra allt.*

Läsförståelseövningarna bygger dels på texter i läroboken, dels på nya, liknande texter som förs in här i övningsboken.

Innan eleverna tar itu med *ordövningarna* nöter de in de nya orden ur lärobokens text, t.ex. med hjälp av egna ordlistor med översättning till modersmålet eller med små lappar där ordet skrivs på svenska på den ena sidan och på modersmålet på den andra.

Det finns ordövningar där meningen är att eleverna ska utvidga det ordförråd inom ett semantiskt fält som läroboken ger. Ett exempel på det är övning 17 på s. 33. Några av köksorden finns i läroboken, men en del är nya. Eleverna måste själva slå upp orden.

En annan övningstyp är den där eleverna först får en lista med ord att slå upp och sedan använder orden i övningen. En sådan ordövning hittar du på s. 29 (övning 12).

När eleverna är klara med de bundna ordövningarna här i övningsboken kan du låta dem skriva egna meningar med de nya orden.

Textmanusen till en del av lärobokens *hörövningar* presenteras här i övningsboken som lucktexter. Eftersom de har dialogform kan de också användas som underlag för *talträning.*

Grammatikövningarna tar upp samma grammatikmoment som läroboken. Ibland erbjuder övningsboken en långsammare och grundligare genomgång, ibland går övningen här ett steg längre än läroboken.

I *diskussionsuppgifterna* diskuterar eleverna i storgrupp med dig som gruppledare eller i mindre grupp med en elev som gruppledare.

Dialoguppgifterna arbetar eleverna med parvis eller i små grupper. Eleverna läser dialogerna som finns i läroboken och i övningsboken. De skriver sedan egna dialoger. Till en del dialogövningar finns hjälpversioner som pdf på en cd i lärarhandledningen. Avsluta gärna med att eleverna läser/spelar upp sina dialoger för en större grupp.

Till uppgifter som kan lösas direkt i boken finns i regel svar i facit för att eleverna ska kunna arbeta på egen hand. Om du i stället vill gå igenom svaren gemensamt med eleverna kan du klippa loss facit.

De fria uppgifterna skriver eleverna i en separat skrivbok eller på lösa blad, så att du kan rätta det de skrivit medan de arbetar vidare i övningsboken. Varje elevs alster kan sedan sparas i en egen mapp eller pärm (portfolio).

I slutet av varje kapitel finns rubriken *Efter kapitel...* med frågor om kunskapsinhämtning och utvärderingsfrågor. Uppgifterna är tänkta att stimulera eleven att reflektera över sin inlärning, och de kan också fungera som stöd för dig och eleven vid ert samtal om studierna.

Mycket nöje med övningsboken!

Anette Althén

Facit

Till en del övningar där flera svar är möjliga ges förslag på svar. Alternativa svar anges med /.

KAPITEL 11

Familjen Åberg (s. 4)

1
1. Rätt
2. Rätt
3. Fel
4. Rätt
5. Fel
6. Fel
7. Rätt
8. Rätt

4
1. i
2. på
3. på
4. i
5. i
6. på
7. på
8. i

Vi frågar (s. 6)

7
1. intressen
2. tränar
3. hösten
4. spelar
5. fritiden
6. datorn
7. röra
8. sport
9. största
10. köpa
11. kurs

Emil fyller år (s. 8)

8
1. 18 år.
2. Fyra.
3. Den är randig i blått och vitt.
4. De vill att han ska få välja själv.

9
1. kuvert
2. sjunger
3. står
4. kort
5. välja
6. present
7. bära

10
1. Klockan halv åtta cyklar han till skolan.
2. I morgon ska de åka till Stockholm.
3. Nästa vecka ska jag inte arbeta.
4. Här får du inte röka.
5. Nu vill vi inte skriva mer.

11
EN-ORD	ETT-ORD
en morgon	ett rum
en födelsedag	ett paket
en säng	ett år
en present	ett täcke
en tröja	ett ljus
en teckning	

12
OBESTÄMD FORM	BESTÄMD FORM
1 en bricka	brickan
2 ett ljus	ljuset
3 ett täcke	täcket
4 ett hus	huset
5 ett kuvert	kuvertet
6 ett kort	kortet
7 en säng	sängen
8 en gång	gången
9 ett kök	köket
10 en frukost	frukosten
11 en skjorta	skjortan
12 en tröja	tröjan
13 ett paket	paketet

13
pappan – han
paketet – det
telefonen – den
flickan – hon
presenten – den
mamman – hon
året – det
huset – det
sängen – den
pojken – han

14 Jonas och Ellen åkte till centrum för att köpa presenter till Emil. De tänkte köpa **en skjorta** och **en tröja**.
 I den första affären hittade de ingen snygg tröja. Då gick de till en annan affär. Där såg de **en skjorta** som Jonas tyckte var fin. **Den** var blå.
 "Titta här", sa Ellen. "Här är **en skjorta** som är randig i blått och vitt. Den är väl snygg?"
 "Ja, **den** kommer Emil att gilla", sa Jonas.
 Ellen och Jonas köpte **den/skjortan**. Sedan hittade de **en tröja** som passade bra till **skjortan**. Nu hade de två presenter.
 Sedan gick de till en annan affär för att titta på **en dator** till Emil. I **den/affären** fanns det många datorer att välja på.
 "Hurdan dator vill han ha?" frågade Jonas.
 "Jag vet inte", sa Ellen. "Det är nog bättre att inte köpa **en dator** åt honom. Vi ger honom pengar så att han kan köpa **den/datorn/en dator** själv".

Grattis, Emil! (s. 12)

15a
1. 30 år.
2. På lördag.
3. Lotta, Elvira och Eva.
4. Hon fyller 15 år.

17
1. Jonas.
2. Gå till tandläkaren.
3. På tisdag och på lördag.
4. Två gånger.
5. Hon ska gå på kalas.
6. Ellen.
7. Emil och Jonas.
8. Ellen ska träna på gym och Jonas ska jobba sent.

På familjesidan (s. 15)

18
1. Rätt
2. Fel
3. Fel
4. Rätt
5. Rätt
6. Fel
7. Rätt
8. Rätt

19
1. År 1921.
2. År 1974.
3. Vid 20 år.

Inbjudningar (s. 16)

20a
1. B
2. C
3. D

22
1. fått
2. sjöng
3. kalas
4. fredag
5. fest
6. ganska
7. hemma
8. lokal
9. Hoppas
10. Tack

Grattis! (s. 18)

23 en tårta 1, 2
en jordgubbe 1
en guldmedalj 3
en publik 3
en brud 4
en vas 1
en ros 2
en blombukett 1, 4
ett lag 3
ett bröllop 4
segrare 3

25 1 Grattis på födelsedagen!
    2 Grattis till segern!
    3 Lycka till på nya jobbet!
    4 Grattis på Mors dag!
    5 Grattis till babyn!

KAPITEL 12

Inbrott hos Tina (s. 20)

1 1 Fel   4 Rätt
   2 Fel   5 Rätt
   3 Rätt   6 Fel

2 1 inbrott
   2 hände
   3 bottenvåningen
   4 bryta
   5 uteplatsen
   6 tjuven
   7 polisen

3 *Förslag:*
   hyreshus
   bottenvåning
   uteplats, uterum
   sommarkväll
   vardagsrum, vardagskväll
   ljusstake
   värdefull
   polisanmälan, polishus
   hemförsäkring

4 PRESENS   PRETERITUM
   blir   blev
   ger   gav
   går   gick
   gör   gjorde
   hör   hörde
   kan   kunde
   kommer   kom
   ser   såg
   står   stod
   säger   sa
   sätter sig   satte sig
   är   var

5a 1 Anders Andersson.
   2 I centrala Småstad.
   3 Körkort, kontokort, 400
     kronor i kontanter.

6 1 Rätt   6 Rätt
   2 Rätt   7 Fel
   3 Fel   8 Fel
   4 Rätt   9 Rätt
   5 Fel   10 Rätt

7 1 b   6 c
   2 h   7 e
   3 a   8 f
   4 j   9 d
   5 i   10 g

8 1 Det står ett sängbord vid sängen.
   2 Det ligger en matta på golvet.
   3 Det står en stol framför fönstret.
   4 Det hänger en tavla över sängen.
   5 Det ligger två kuddar på sängen.
   6 Det ligger många saker på golvet.
   7 Det ligger några böcker bland kläderna.
   8 Det ligger en väckarklocka under sängbordet.
   9 Det hänger en spegel över byrån.
   10 Det står en väska på golvet.

9a 1 i valet och kvalet
   2 smått och gott
   3 rubb och stubb
   4 hit och dit
   5 rätt och slätt
   6 i ur och skur

Vad är borta? (s. 28)

10 SINGULAR   PLURAL
    1 en flicka   flickor
    2 ett träd   träd
    3 en sekund   sekunder
    4 ett äpple   äpplen
    5 en polis   poliser
    6 en dörr   dörrar
    7 ett suddgummi suddgummin
    8 ett barn   barn

11 SINGULAR   PLURAL
    1 ett smycke   smycken
    2 en kamera   kameror
    3 ett ljus   ljus
    4 ett bälte   bälten
    5 ett paket   paket
    6 en teckning teckningar
    7 ett kuvert   kuvert
    8 en present   presenter

Polisen varnar (s. 29)

12b 1 dömde
    2 vittne
    3 misstänker, bevis
    4 fängelse
    5 rånade, rån
    6 mördade
    7 stulit
    8 böter

Så skyddar du dig och ditt hem (s. 31)

14 1 Fel   4 Fel
    2 Rätt   5 Rätt
    3 Rätt   6 Fel

15a 1 I vardagsrummet, sovrummet och hallen.
    2 9%.
    3 På vinden och i källaren.

16 1 en brandvarnare
    2 en vattenkokare
    3 en kaffebryggare
    4 en klädhängare
    5 en cigarettändare
    6 en hastighetsmätare
    7 en toapappershållare
    8 en dammsugare

17 12 ett fat
    14 en flaska
    9 en gaffel
    7 ett glas
    2 en gryta
    19 en grytlapp
    15 en handduk
    16 (ett) hushållspapper
    4 en kaffebryggare
    1 en kastrull
    8 en kniv
    11 en kopp
    13 en mugg
    10 en sked
    3 en stekpanna
    6 en tallrik
    18 en tekanna
    17 en tillbringare
    5 en vattenkokare
    20 en visp

Olle fotograferar (s. 34)

18 1 inbrottet   5 brinna
    2 värdefulla   6 sparar
    3 fotografera 7 bränner
    4 brand

19
SINGULAR OBESTÄMD FORM	PLURAL OBESTÄMD FORM	PLURAL BESTÄMD FORM
(en kvinna	kvinnor	kvinnorna)
ett träd	träd	träden
en minut	minuter	minuterna
ett äpple	äpplen	äpplena
en flicka	flickor	flickorna
en polis	poliser	poliserna
ett ställe	ställen	ställena
en apelsin	apelsiner	apelsinerna

20
SINGULAR OBESTÄMD FORM	PLURAL OBESTÄMD FORM	PLURAL BESTÄMD FORM
en penna	pennor	pennorna
en klocka	klockor	klockorna
ett år	år	åren
ett äpple	äpplen	äpplena
en säng	sängar	sängarna
ett bälte	bälten	bältena
ett kuvert	kuvert	kuverten
en bild	bilder	bilderna
en timme	timmar	timmarna
ett kort	kort	korten
en jacka	jackor	jackorna
en minut	minuter	minuterna
ett ljus	ljus	ljusen

Vi frågar (s. 37)

23 1 studerar
2 ljus
3 säker
4 sett
5 hemskt
6 bråkigare

Vad har hänt? (s. 38)

26 4 en brand
2 en krock
1 en skadegörelse
3 ett rån

KAPITEL 13

Tina och Olle handlar (s. 40)

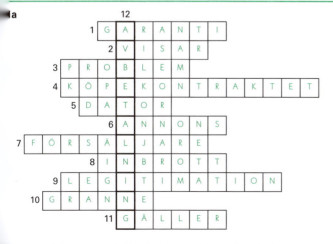

2 1 Rätt 5 Fel
2 Fel 6 Rätt
3 Fel 7 Rätt
4 Rätt 8 Rätt

3a 1 en gurka
2 ett äpple
3 ett hus
4 ett par vantar
5 en säng

4a rädd: feg, skraj, skräckslagen, skygg
glad: belåten, lycklig, nöjd, överlycklig
ledsen: deprimerad, nedstämd, sorgsen
arg: ilsken, förbannad, rasande, ursinnig

Vi frågar (s. 44)

6 1 funkar
2 lån
3 abonnemang
4 avbetalning
5 sparar
6 nyss

7 1 I april.
2 8 %.
3 I december. Det är jul då.

Vill du ha hjälp? (s. 45)

8 1 ha 8 bytesrätt
2 skulle 9 garanti
3 visa 10 tar
4 lätt 11 1390
5 dyr 12 kvittot
6 enkel 13 mycket
7 öppet

Dina rättigheter som konsument (s. 46)

9 *Förslag:*
1 Man får pengarna tillbaka om man ångrar ett köp.
2 Man måste visa kvittot om man vill lämna tillbaka en vara.
3 Man kan lämna tillbaka en vara och välja en annan i stället.
4 Ett kvitto som man får om man inte vill välja en ny vara direkt.
5 Att man kan gå tillbaka med varan om det är något fel på den.

6 När du handlar på internet eller av en telefonförsäljare.

10a
1 c
2 b
3 a
4 d

11
1 reklamera
2 kvittot
3 jacka
4 pengarna
5 problem
6 namnteckning

Vad ska vi kasta? (s.48)

12
1 nya
2 gamla
3 stora
4 runda
5 svarta

13
1 fina
2 vacker
3 nya
4 vita, gammalt
5 nya, stora

14
1 lilla
2 liten
3 små
4 litet
5 små
6 lilla

15 Peter åker till den stora, nya mataffären i centrum. Först går han till grönsaksdisken och tar sex mogna, fina tomater och fem stora, gröna äpplen. Sedan köper han färsk fisk och nybakat bröd. Det är lång kö till den enda kassan. När han ska betala upptäcker han att plånboken är borta.

Ordbildning (s.50)

18
1 vägbeskrivning
2 semesterplanering
3 bokstavsordning
4 sophämtning
5 ordförklaring
6 fortkörning
7 hemkörning
8 bordsbeställning
9 hemförsäkring
10 inflyttning

KAPITEL 14

Ska Ellen byta jobb? (s.53)

1a
1 chef
2 arbetskamrater
3 personal
4 möte
5 informerade
6 skära ner
7 anställd
8 erfarenhet
9 söka
10 Arbetsförmedlingens

2
2 A-kassan
14 Arbetsförmedlingen
13 arbetsgivare
5 arbetslös
4 deltid
3 heltid
6 OB-tillägg
8 pensionerad
11 provanställning
9 semester
7 tillsvidaretjänst
10 tjänstledighet
12 uppsägningstid
1 vikariat

3
1 mina
2 Min
3 ditt
4 hennes
5 ert
6 Våra
7 hans

4
1 Hans
2 min
3 dina
4 hennes
5 våra
6 ditt
7 er
8 Deras
9 mina

Yrken (s.56)

5
1 kock
2 frisör
3 bussförare
4 sjuksköterska
5 lärare

6
1 b
2 d
3 e
4 c
5 f
6 g
7 a

7
1 93%
2 Lastbilsförare
3 Flest män.

Vad jobbar du med? (s.58)

8
1 jobbar
2 sjukhuset
3 Hur
4 trivs
5 arbetskamrater
6 personal
7 stressigare
8 kvällar
9 helg
10 dagis
11 förstår
12 sökt
13 måndag
14 Lycka

Vi frågar (s.59)

10
1 dröm
2 lekte
3 föräldrar
4 välja
5 utbilda
6 verklighet

Intervju med Tina (s.60)

14
1 Vilken
2 Vilka
3 Vilket
4 Vilka
5 Vilken
6 Vilket
7 Vilken
8 Vilka
9 Vilket
10 Vilken

15
3 dagstidning
2 klädkatalog
6 resekatalog
5 deckare
7 veckotidning
1 serietidning
4 kärleksroman

Ett reportage (s.62)

16
3 Inrikesnyheter
4 Utrikesnyheter
2 Ekonomi
1 Familj
5 Sport
6 Kultur

18
1 sin
2 sina
3 sitt
4 sin
5 sin
6 sin
7 sina
8 sitt

19
1 sina
2 hennes
3 sin
4 sitt
5 sin
6 deras
7 sin
8 sin

När ska Viktor börja på dagis? (s. 64)

21
1. ny
2. snabbt
3. långt
4. sent
5. högt
6. snäll
7. snyggt
8. duktig

Barn och föräldrar (s. 65)

22
1. På Försäkringskassan.
2. Det beror på vad man tjänade innan man fick barn.
3. Att vara hemma från jobbet för att vårda barn.

KAPITEL 15

Information om en friluftsdag (s. 66)

1
1. friluftsdag
2. aktiviteter
3. information
4. tipspromenad
5. matsäck
6. tävlingen, anmälan
7. samlingen
8. hemresan
9. hjälm
10. fotbollsplanen
11. final

Friluftsdagen (s. 67)

2
1. berätta
2. ringa
3. resa
4. bo
5. läsa
6. må
7. prata
8. tro

1. göra
2. vara
3. ta
4. få
5. bjuda
6. ha
7. vinna
8. gå

Allemansrätten (s. 70)

1. vistas
2. naturen
3. röra
4. hänsyn
5. stör
6. skräpa
7. skada

7
1. ett berg
6. en åker
4. en älv
5. en stig
7. en väg
2. en skog
8. en äng
3. en sjö

8
1. en mus
2. en björn
3. en varg
4. en räv
5. en hare
6. en älg
7. ett rådjur

9
1. en hare
2. en mus
3. en björn
4. en räv
5. en varg

När kommer Emil hem? (s. 72)

10
1. Han vill berätta att han blir sen.
2. De har gått vilse.
3. För att de ska hjälpas åt att leta efter killarna.
4. Att Emil har ringt och att han fortfarande är vid Lillsjön eftersom två killar har gått vilse och alla måste hjälpa till att leta efter dem.
5. Senare, när han vet något mer.

11
1. Fröken berättade att barnen skulle gå en tipspromenad.
2. Hon berättade att de skulle svara på frågor.
3. Alla barnen tyckte att det verkade kul.
4. Klara trodde att hon hade svarat rätt på frågorna.
5. Fröken sa att de skulle äta frukt ute i skogen.
6. Klara tyckte att det var en rolig utflykt.

Ellen träffar en granne (s. 74)

12
1. varmt
2. grader
3. blåser
4. veckan
5. ledig
6. jobbar
7. nästa
8. till
9. juli
10. informationen
11. augusti
12. hemma
13. hjälpa
14. vad

14 Glas
glasflaska
glasburk

Plast
plastburk
plastpåse
tandkrämstub

Metall
plåtburk

Kartong
mjölkpaket
papperskasse
äggkartong

Tidningar
reklamblad
dagstidning

Vi frågar (s. 76)

16

VERB	SUBSTANTIV
parkera	parkering
simma	simning
cykla	cykling
öka	ökning
minska	minskning
samla	samling
sortera	sortering
tävla	tävling
elda	eldning

Rökning (s. 77)

17
1. Fel
2. Rätt
3. Fel
4. Fel
5. Rätt
6. Rätt
7. Fel
8. Rätt
9. Fel
10. Rätt
11. Rätt

18
1. 55–65 år.
2. 15 %.
3. 85 år och uppåt.
4. Cirka 10 %.
5. Kvinnor.

Vår miljö (s. 79)

19
4. För att värna om miljön för gäster och personal är rökning förbjuden på restauranger och kaféer.

2. Regnskogarna på jorden minskar i storlek. Vi människor avverkar mer och mer skog för att använda marken till odling.

5 Bilar släpper ut avgaser som förorenar vår miljö.
1 Köttproduktionen är orsak till stora mängder växthusgaser.
3 Det är förbjudet att kasta skräp på marken.

KAPITEL 16

Hanna och Emil (s. 80)

1
1 tjej
2 undvika
3 känslor
4 längta
5 fest
6 lust
7 ångrade
8 vek
9 kuvert
10 brev

2
1 dricka
2 druckit
3 försvunnit
4 hann
5 sitt
6 sitta
7 sprang
8 beskriva
9 rev
10 skriker
11 skrivit
12 svikit
13 undviker
14 vika
15 Försvinn
16 skrek
17 hunnit
18 vann

3
1 så
2 och
3 för
4 och
5 men
6 så

Varför ljög Tina? (s. 83)

6
1 bjudit
2 bjuda
3 flög
4 flyger
5 Fryser
6 frysa
7 ljugit

Det är orättvist! (s. 85)

8
1 åka
2 följa
3 familj
4 själva
5 bara
6 föräldrar
7 jag
8 barn
9 ju
10 också
11 får
12 hända
13 tidningen
14 inte
15 orättvist

Var ska barnen fira jul? (s. 87)

11
1 Rätt
2 Fel
3 Rätt
4 Fel
5 Fel
6 Rätt
7 Fel
8 Rätt

12
1 Vecka 52.
2 4.
3 Eva.
4 Tisdag.
5 Sylvester.
6 Den 22 januari.
7 Vecka 2.
8 Den 1 januari.
9 Den 13 december.

13
1 Hon kommer ofta för sent.
2 De är fortfarande på semester.
3 Du ljuger jämt.
4 Hon kan nog komma.
5 Han vill aldrig vara ensam.
6 Har du redan läst boken?
7 Varför pratar du inte med henne?
8 Nu ska vi äntligen sluta.
9 Förra veckan vara han tyvärr sjuk.
10 Nästa år ska de förmodligen flytta till London.

14
1 Jag stannar hemma om jag inte mår bra.
2 Pojken är vaken trots att klockan säkert är tio.
3 Jag kan hjälpa dig om du verkligen vill.
4 Du kan låna en ny bok eftersom du redan är klar med den första.
5 Eftersom han sällan går ut, har han inte många vänner.
6 När klockan äntligen blev fem, slutade vi.
7 Om du alltid ska bråka, vill jag inte träffa dig.
8 Trots att han ofta går ut och dansar, träffar han ingen ny kvinna.

Högtider (s. 90)

15
1 På vintern.
2 Tre dagar.
3 Den 24 december.
4 Nyårsafton.
5 På våren.
6 På sommaren.
7 Vi klär en midsommarstång med blommor och blad och dansar runt den.

16
1 a
2 c
3 e
4 b
5 f
6 d

17
1 Nyårsdagen.
2 På våren.
3 I juni.
4 Torsdag.
5 Två
6 Maria.
7 Söndag.
8 Sveriges nationaldag.

Vi frågar (s. 92)

18
1 speciellt
2 firar
3 tyvärr
4 hoppas
5 umgås
6 traditioner
7 vanligt

KAPITEL 17

Linda och Hassan (s. 94)

1
1 trivs
2 förort
3 trång
4 fick tag i
5 flytta ihop
6 ordna
7 fundera

3
1 e
2 g
3 c
4 d
5 f
6 h
7 b
8 a

4
1 hem
2 uppe/här/ute/hemma
3 hem/hit
4 ut
5 hemma/ute
6 uppe
7 ut
8 hem

Hus eller lägenhet? (s. 96)

5
1. radhus
2. studentbostad
3. bostadsrättslägenhet
4. andrahandslägenhet
5. villa
6. hyreslägenhet

6
1. E
2. C
3. H
4. D
5. G
6. B
7. F
8. A

7
1. stort
2. menar
3. säljer
4. mycket
5. hus
6. sommaren
7. trädgården
8. radhus
9. trappor
10. våningar
11. hiss
12. lägenheter
13. balkonger
14. städa
15. rum
16. fyra
17. barnbarnen
18. plats
19. huset

Vi frågar (s. 100)

1. 132 000.
2. 120 000.
3. 30 000.
4. Kvinnor över 75 år.
5. 50–64 år.
6. Män.

10
1. a
2. c
3. d
4. e
5. f
6. b

11
1. Här bor en gammal man som sällan går ut.
2. Jag känner en fyrtioåring som fortfarande bor hemma.
3. Hon har en granne som snart ska flytta.
4. Jag har bjudit en kompis som gärna vill komma.
5. Han har trasiga kläder som alltid är smutsiga.
6. De har en hund som antagligen är sjuk.

Bo på landet eller i stan? (s. 102)

12
1. kvar
2. fortfarande
3. längre
4. möjlighet
5. tyvärr
6. egen

13
1. d
2. e
3. f
4. a
5. c
6. b

14
1. d
2. a
3. g
4. b
5. h
6. f
7. c
8. e

15
1. Han lånar av mig när han inte har några pengar kvar.
2. Jag vet inte vad han vill eftersom han inte säger någonting.
3. Jag blir ledsen om du inte köper någon present.
4. De köper inget hus eftersom de inte vill ha några skulder.
5. Hon kan inte bjuda på kaffe eftersom hon inte har något kaffe hemma.

Sveriges kommuner (s. 104)

16
1. norra
2. östra/södra
3. södra
4. västra/södra
5. norra/östra
6. södra/östra
7. norra/västra

17
1. Rätt
2. Fel
3. Rätt
4. Fel
5. Fel
6. Rätt

KAPITEL 18

Vad ska Ellen jobba med? (s. 106)

1
1. egenskaper
2. kvalifikationer
3. arbetstider
4. arbetsuppgifter
5. arbetskamrater

3
1. (Jag undrar) om alla barn måste gå i förskolan.
2. (Jag undrar) om alla barn vill gå i skolan.
3. (Jag undrar) om Malmö ligger i södra Sverige.
4. (Jag undrar) om Sverige är större än Norge.
5. (Jag undrar) om Stockholm är en gammal stad.
6. (Jag undrar) om Sveriges kung bor i Stockholm.
7. (Jag undrar) om Norges huvudstad heter Oslo.
8. (Jag undrar) om Stockholm alltid har varit Sveriges huvudstad.
9. (Jag undrar) om Sverige bara har 9 miljoner invånare.

4
1. (Jag undrar) hur gammal Sveriges kung är.
2. (Jag undrar) hur man uttalar Göteborg.
3. (Jag undrar) vart den här bussen går.
4. (Jag undrar) när nästa tåg går.
5. (Jag undrar) hur mycket den här bilen kostar.
6. (Jag undrar) hur många invånare Stockholm egentligen har.
7. (Jag undrar) varför han aldrig kommer hit.
8. (Jag undrar) varför de inte vill flytta.

5
1. Hon vill veta hur han stavar det.
2. Hon vill veta om han bor här i stan.
3. Hon vill veta på vilken gata han bor./Hon vill veta vilken gata han bor på.
4. Hon vill veta när han är född.
5. Hon vill veta om han kan tala engelska.
6. Hon vill veta varför han vill lära sig svenska.

Vad är viktigt? (s. 110)

6
1. utvecklingsmöjligheter
2. samarbete
3. medbestämmande
4. arbetsuppgifter
5. anställningstrygghet
6. lön
7. arbetstider

Jobbannonser (s. 111)

8
1 C
2 A, B
3 A
4 D
5 C
6 A, C

9 Teknik och data:
IT-samordnare
nätverkstekniker
programmerare

Pedagogiskt arbete:
fritidspedagog
förskollärare
grundskollärare

Ekonomi och administration:
civilekonom
ekonomiassistent
sekreterare

Bygg- och anläggningsarbete:
golvläggare
murare
snickare

Hälso- och sjukvård:
barnmorska
psykolog
sjukgymnast
undersköterska

Kultur, media:
fotograf
journalist
tolk

Kundservice och försäljning:
receptionist
resesäljare
kassörska

Transport:
lastbilschaufför
lokförare
pilot
taxichaufför

Ellen ringer om ett jobb (s. 114)

10

	SUBSTANTIV	VERB
1	ett vikariat	vikariera
2	en anställning	anställa
3	(en) information	informera
4	ett krav	kräva
5	en uppsägning	säga upp
6	en kunskap	kunna
7	en ansökan	söka

11
1 erfaren – en erfarenhet
2 intressant – ett intresse
3 stressig – (en) stress
4 ekonomisk – (en) ekonomi
5 möjlig – en möjlighet

13
1 (Ellen undrade) om hon trivdes med jobbet.
2 (Ellen frågade) vilka arbetstider hon hade.
3 (Ellen) undrade om hon jobbade på helgerna.
4 (Ellen) ville veta om jobbet var stressigt.
5 Ellen undrade om hon kunde många språk.
6 Ellen frågade hur mycket hon tjänade.
7 Ellen ville veta hur länge hon hade arbetat som receptionist.

14
1 (Katarina undrade vad) Ellen egentligen ville veta.
2 (Ellen undrade om) man alltid arbetade ensam.
3 (Hon ville veta vad) man egentligen tjänade.
4 (Hon frågade om) man verkligen måste kunna många språk.

15
1 ringer
2 jobbat
3 haft
4 vilka
5 mellan
6 också
7 enligt
8 lön
9 någon
10 gärna
11 börja
12 möjligt
13 mycket

Ett personligt brev (s. 118)

17b
7 namnteckning
5 personliga egenskaper
1 namn och adress
3 arbetslivserfarenhet
2 ort och datum
6 fritidsintressen
4 utbildning

19a
1 Fyra.
2 Svenska, engelska, franska, spanska.
3 2000.
4 Jobbade på Svenska skolan i Madrid.
5 2001.
6 På Solbergaskolan i Storköping.
7 På Storgatan 1 i Storköping.
8 På Solgårdens sjukhem.
9 Jobbade som lärarvikarie.
10 Gymnasielärarutbildningen.

Att söka jobb (s. 122)

20
1 läsa annonser, söka via arbetsförmedlingen, ringa till företag och fråga
2 vad man har för utbildning, vad man har haft för jobb
3 en person som arbetsgivaren kan ringa, en person som kan berätta vem du är

21
4 I mataffärer finns anslagstavlor där man kan annonsera om jobb.
1 De sitter och väntar på sin tur på Arbetsförmedlingen.
3 Han talar med en arbetsförmedlare.

KAPITEL 19

Linda och Hassan ska flytta (s. 124)

1b Personer som flyttar (även barn)

Namn	Personnummer
Hassan Scali	XX0818-xxxx
Linda Nilsson	XX0408-xxxx
Viktor Nilsson	XX0507-xxxx

Bostadsadress före flyttning

Granvägen 4	
567 10	Småstad

Bostadsadress efter flyttning

Skogsvägen 4	
566 22	Småstad

Telefon efter flyttning

Hyresvärd/fastighetsägare (namn och postadress) efter flyttning

Hyresfastigheter, Storgatan 43, Småstad

Inflyttningsdatum

1/4

2
1 bredare
2 högst
3 djupare
4 dyrare
5 bredast
6 dyrast

5
1 bredd
2 höjd
3 längd

6

	SUBSTANTIV	ADJEKT
1	(en) kyla	kylig
2	(en) längd	lång
3	(en) hjälpsamhet	hjälpsa
4	(en) glädje	glad
5	(en) oro	orolig
6	(en) storlek	stor
7	(en) styrka	stark
8	(en) vänlighet	vänlig
9	(en) höjd	hög
10	(en) värme	varm
11	(en) bredd	bred
12	(en) ansvar	ansvari

Att hyra lägenhet (s. 129)

7
1. Att det finns maskiner som fungerar och att avlopp och vatten fungerar.
2. Att lägenheten är i gott skick.
3. Tiden från det att du säger till att du vill flytta till dess att du flyttar ut.
4. Att hyresvärden kontrollerar att lägenheten är i gott skick.
5. Hyresgästen.

8
1. var
2. vad
3. när
4. hur
5. vad
6. hur
7. när

Är du ny här (s. 130)

9
1. hälsa
2. ny
3. veckor
4. bredvid
5. andra
6. tvåa
7. högst
8. bott
9. år
10. trevligt
11. visa

10a
1. g
2. e
3. b
4. f
5. h
6. a
7. d
8. i
9. c

Meddelanden (s. 132)

11
1. Hon vill meddela att hon kanske kommer att störa sina grannar på lördag.
2. Tvättstugan är upptagen på den tid som hon har bokat.
3. Att alla som har en cykel i förrådet måste skriva sitt namn på en lapp och sätta på cykeln.
4. Att man sorterar soporna rätt.

Ska Linda göra allt? (s. 134)

14
1. d
2. g
3. b
4. f
5. a
6. e
7. c
8. h

15
1. Ja
2. Nej
3. Jo
4. Nej
5. Jo
6. Nej
7. Nej
8. Jo
9. Ja
10. Nej

Insändare (s. 135)

17
1. Man ska tvätta (den) separat.)
2. (Man måste) märka barnens kläder.
3. (Man ska) tvätta (den) med liknande färger.
4. (Man ska) inte andas in det.
5. (Man måste) förvara (den) oåtkomligt för barn./(Man måste) förvara den så att barn inte kommer åt den.
6. (Man ska) öppna (den) här.
7. Man stänger porten klockan 21.00.
8. Man ska vattna (den) sparsamt. / Man ska inte ge den för mycket vatten.
9. Man öppnar (den) igen den 1 april.
10. Man bör förvara (den) vid högst +10 grader.
11. Man måste betala den senast 2013-10-31.
12. Man bör inte torktumla (den).
13. Man måste återlämna den senast 2013-11-30. / Man måste lämna tillbaka den senast 2013-11-30.

Hushållsarbete (s. 136)

18
6. stekpanna
3. dammsugare
2. tvättbalja
5. gräsklippare
4. strykjärn
1. fönsterskrapa
4. strykbräda
2. tvättlina

KAPITEL 20

Emils påsklov (s. 138)

1
1. Två halvsyskon (Klara och Joel)./Fyra (två bonussystrar och två halvsyskon)./Inga helsyskon, bara halvsyskon.
2. På påsklovet.
3. Sex personer.
4. *Förslag:* Han tror att han kan skada sig.

2
1. vidare
2. ungefär
3. ganska
4. ofta
5. allihop
6. förut
7. vågar
8. hellre

3
1. 818 SEK
2. 3.17
3. 12.05
4. 14.02
5. 5.13
6. 14.00
7. 12.05

Sveriges geografi (s. 140)

4
1. Kebnekaise
2. Kiruna
3. Umeå
4. Östersund
5. Mälaren
6. Stockholm
7. Vänern
8. Vättern
9. Göteborg
10. Gotland
11. Öland
12. Malmö

5
1. Uppsala.
2. 526089.
3. Stockholm.
4. Fyra.
5. Göteborg.

6a
1. Nej
2. Nej
3. Ja
4. Nej
5. Ja
6. Ja
7. Nej
8. Ja
9. Nej
10. Ja

Så styrs Sverige (s. 142)

7
1. president
2. Sveriges kung
3. monarki
4. Sveriges parlament
5. minister
6. statsminister
7. republiker
8. styra
9. partier
10. val
11. Norden
12. svensk medborgare
13. riksdagsledamöter

Vilken buss ska vi ta? (s. 143)

8
2. De kommer på festen.
1. De kommer, men lite senare.

  4 De kommer inte.
  3 De vet inte om de kan komma.

9 1 111.
  2 19.07.
  3 Var 30:e minut.
  4 30 minuter.
  5 Ja.
  6 23.04.
  7 20.15.
  8 21.07.

10 1 c   4 e, a
  2 b   5 a
  3 d

Emil tar studenten (s. 146)

12 1 Han slutar skolan/gymnasiet.
  2 Släktingar, vänner och grannar.
  3 Han ska resa med Hanna.
  4 Han vet inte om pengarna räcker.
  5 (Eget svar.)
  6 Uteplatsen.
  7 Journalisten som skrev reportaget om Tina.
  8 I juni.

Vi frågar (s. 147)

13

	SUBSTANTIV	VERB
1	en plan	planera
2	en önskan	önska
3	en känsla	känna
4	en kunskap	kunna
5	en händelse	hända
6	en förändring	förändra
7	en dröm	drömma
8	ett liv	leva
9	ett krig	kriga
10	ett slut	sluta
11	en vinst	vinna

Framtidsdrömmar (s. 147)

14 1 Jag har alltid drömt om att få åka ut i världen och se mig omkring. Nu har min dröm blivit verklighet.

  4 Jag och min sambo drömmer om ett stort bröllop med många gäster. Men det kostar pengar, så vi väntar nog ett par år.

  2 Min dröm är att bli klar med mina studier och börja arbeta.

  3 Vi vill så gärna ha en större bostad. Helst ett eget hus, men det är ju så dyrt.